学生と考える生命倫理【第2版】

金子 章道　Akimichi Kaneko
金内 雅夫　Masao Kanauchi
河野 由美　Yumi Kono
島　 恒生　Tsuneo Shima
編

ナカニシヤ出版

巻 頭 言

　一粒の微細な細胞に宿る人の生命。その力が「我れ生けるしるし有り！」と，人の人生に愛と勇気を与えてくれるのであります。

　自分の過去をふり返れば，広く地球にその存在を許されてより私はまず家族の愛に包まれた生活から始まり，幼児教育の機会を与えられて以来，年を経ることにつれ，人間としての人格形成に欠くことのできぬ知力を蓄えつつ，さらに深く広範な学識を取得し，充実，成長を遂げてきました。すなわち，あくことなく「生けるしるし有り！」の夢を追いつつ遂に今日まで歩みつづけて参った次第です。

　生命倫理，教育における倫理など，今後とも，さらにこの精神を実践しつづけることにより，執筆者ともども広く社会に貢献して参りたく存じております。

冬木学園名誉学園長　冬木智子
（2019年1月逝去）

改訂版の出版にあたって

　初版の『学生と考える生命倫理』を上梓してから4年が経過した。その間，少子高齢化が急速に進むなど世の中にはさまざまな変化が起きている。生命倫理を考えるうえでもいろいろな事件が発生している。ここにそのような世の中の変化に対応し，4年間に起きた事柄を踏まえデータを更新するなど本書を見直すこととした。

　改訂版でも基本的には初版を刊行したときの考え方が受け継がれている。改訂版で付け加えた大きな特徴は，各章ごとに読者（学生）に自分で考えてみてほしい問題を提起していることである。「一緒に考えよう！」と銘打ったこの欄で提起されている問題には"正解"はない。しかし，自分の体験と心情に基づいてしっかり考えてみてほしいと思っている。こうした訓練が学生たちに人生で遭遇するさまざまな局面で的確な行動が行えるきっかけになれば編者，著者の望むところである。

編者一同

まえがき

　人間の生活は他人との関わりだけでなく，広く地球上のあらゆる生き物との関わりの中で営まれている。こうした人間の営みにはさまざまな側面で倫理的な配慮が求められる。責任ある人間を育成する大学教育の場において，生命に対する倫理を教育することは極めて重要な課題である。本書はこうした全人的な大学教育におけるリベラルアーツとしての生命倫理を取り上げ，人間社会におけるさまざまな課題の中で遭遇する生命倫理の問題を考察し，学生諸君と一緒に考えるための資料とすることを目的に編纂された。

　特に本書では，健康科学部や教育学部といった，将来，理学療法士，看護師，管理栄養士など人間と関わるコメディカルの領域の職業や，子どもたちの教育にあたる教員職に就く学生を対象にした内容構成にしてある。いずれの職種も「いのち」と向き合う仕事であり，いのちの尊さの認識がなければその職務を全うすることはできない。

　本書はそうした教育の教科書として発行された。第1部の第1章では生命倫理を概観した後，第2章でコメディカルにおける生命倫理，第3章で学校教育における生命倫理について概説し，第2部の各論で個々の問題について論じている。広く「生命倫理」を教授する場での利用に供したいと考えている。

金子章道
金内雅夫
河野由美
島　恒生

目 次

巻頭言 i
改訂版の出版にあたって ii
まえがき iii

第1部 総 論

1 生命倫理とは ……………………………………………………………… 2
1. 生命とは 2
2. 人間の社会 4

2 コメディカルの生命倫理 ……………………………………………… 6
1. コメディカルの構成と広がり 6
2. 医療者と患者の関係性の歴史的変遷 9
3. チーム医療の期待と展望 13

3 学校教育における生命倫理の扱い ………………………………… 18
1. 教育基本法や学習指導要領における生命尊重の心の育成についての考え方 18
2. 小学校，中学校における生命尊重の心の育成 20
3. 学年の段階ごとの生命尊重の心の育成 21
4. 幼稚園，高等学校における生命尊重の心の育成 26
5. 学校教育における生命尊重の心の育成 28

第2部 各 論

■ いのちに関する倫理 ■

4 いのちの誕生における倫理的課題 ………………………………… 34
はじめに 34
1. 出生前診断 34
2. 人工妊娠中絶 35
3. 体外受精 37
4. 代理母 38
おわりに 39

5 遺伝子操作に関する倫理 …………………………………………… 42
1. 遺伝子操作の倫理的問題の概要　42
2. 同じ遺伝情報をもつ個体や臓器・組織をつくるクローン技術　42
3. 体の設計図を書き換える遺伝子操作　46
4. 遺伝情報の取扱い　48

■ 医療に関する生命倫理 ■

6 インフォームドコンセント ……………………………………… 52
1. インフォームドコンセントとは　52
2. インフォームドコンセントの歴史　53
3. インフォームドコンセントが必要なとき　54
4. 医療現場における説明の義務について　55
5. インフォームドコンセントが難しいケース　55
6. インフォームドコンセントの臨床応用　56

7 医療行為と倫理 …………………………………………………… 59
1. 救急医療　60
2. 感染症　64

8 臓器移植に関する倫理 …………………………………………… 71
1. 臓器移植と脳死判定　71
2. 臓器移植の実態　77
3. 臓器移植に伴う生体反応　80
4. 献体　83

9 高齢者医療における倫理的課題 ………………………………… 84
1. 認知症　84
2. 胃ろう　94

■ 死に関する生命倫理 ■

10 死に関連する倫理的課題 ……………………………………… 104
1. 現代日本の死に関する現状　104
2. 終末期（末期）・ターミナルケア　104
3. 疼痛緩和　107
4. 死の質（Quality of death：QOD）について　109
5. 望む最期の場所　110

11 尊厳死と安楽死 ………………………………………………… 113
1. 死ぬ権利　113

2. 延命措置に関する家族の葛藤　114
　　3. 尊厳死　116
　　4. 自己決定　116
　　5. 安楽死　119
　　6. いのちは誰のもの　121
　　7. 宗教的信念と輸血拒否　121
　　8. 各自が抱える死に関する倫理的課題　122

■ 研究に関する生命倫理 ■

12　臨床研究の生命倫理 ……………………………………………………… 124
　　1. 臨床研究の生命倫理とは　124
　　2. 患者のいのちに関すること　124
　　3. 守らないといけないこととは　125
　　4. 臨床研究の生命倫理の歴史　127
　　5. インフォームドコンセント（informed consent: IC）　127
　　6. 個人情報の保護　127
　　7. 倫理審査　130

13　脳科学の生命倫理 ………………………………………………………… 132
　　はじめに　132
　　1. 脳科学における倫理的問題の概要　132
　　2. ニューロエシックスとは何か　133
　　3. マインド・リーディングとプライバシー　133
　　4. サイボーグとブレイン・マシン・インターフェイス　136
　　5. ブレイン・エンハンスメント　138
　　おわりに　141

14　動物実験における生命倫理 ……………………………………………… 144
　　1. 動物実験とは　144
　　2. 実験動物とは　144
　　3. 動物実験の適正な実施のために　145
　　4. ヒトと動物の歴史　145
　　5. 動物実験の倫理—3R　146
　　6. 動物の苦痛，人道的エンドポイント　147
　　7. 科学者の倫理　149

教育に関する生命倫理

15 児童虐待と生命倫理 …………………………………………… 152
1. 児童虐待とは　152
2. 統計からみた児童虐待の現状　153
3. 児童虐待の背景と被虐待児童に及ぼす影響　155
4. 児童虐待支援の今後の課題　157

16 子どもの自殺とその予防 ……………………………………… 161
1. 日本における自殺の状況　161
2. 自殺予防　166

17 発達障がいと生命倫理 ………………………………………… 171
はじめに　171
1. 発達障がいの定義ならびに診断基準　172
2. 文化現象としての発達障がい　173
3. 困っている子どもたちが教育現場にいる　174
4. 子どもからみたインクルーシブ教育の課題　176
5. 「生きること」を支援するICF（国際生活機能分類）というツール　179
おわりに―専門職の倫理的課題　180

18 学校管理下での死亡事故・事件への対応 …………………… 183
1. 学校管理下における死亡事故の具体例（平成27年度）　184
2. 死亡事故（事件）について―大阪教育大学附属池田小学校事件を通して　186
3. 被害児童などの保護者への対応　188
4. 教員である以前に人として大切なこと　189
5. 事故後の調査の実施　191
6. 畿央大学における事故死　192

資　料

資料1　看護者の倫理綱領　196
資料2　公益社団法人日本理学療法士協会　倫理規程　197
資料3　管理栄養士・栄養士倫理綱領　198
資料4　ニュルンベルク綱領（1947年）　199
資料5　ヘルシンキ宣言　200
資料6　患者の権利に関するWMAリスボン宣言　205

用　語　集　209
索　　　引　221

第1部 総論

1 生命倫理とは

■ 1. 生命とは

(1) 生命の誕生と進化

　いまから38億年前，海の中で生命は生まれた。最初はいまのウィルスのような単純な生き物であったであろう。生命体とは自分と同じ個体を再生する能力を備えた存在と定義されよう。個体を再生することが可能となったのは遺伝子と呼ばれる個体を作る情報を備えた分子をからだの中にもつことができたからである。個体を再生する際には遺伝子に組み込まれた情報を読み出し，その設計図に基づいて自分の複製を作っていく。遺伝子という設計図の下で行われる複製であるから，もとの個体とよく似た個体が作られる。子どもが親に似ている理由である。だから，個体を再生できる条件が与えられると，ウィルスであれば同じウィルスがどんどん増えていく。植物でも動物でも新しい種がどんどん増えていくことになる。

　個体の複製が作られる際には遺伝子も複製されるのであるが，たびたびその複製は誤りを含んだ複製になる。すなわち，親と少し違った子どもができることがある。その誤って作られた子ども（すなわち遺伝子の複製の誤り）が，そのときの環境の下で生存し，さらに次の世代を作る（すなわち，遺伝子の複製を作る）のに有利であれば，新しくできた子どもはより生存しやすくなる。誤って複製された遺伝子によって作られた子どもが，そのときの環境の下では生存できず，次の世代を作ることができなければ，その個体は消滅する。この考え方が進化論であり，環境適応論である。

(2) ヒトの生命，他の生物の生命

より優れた能力を備えた生命体はそのときの環境下において他の生命体よりも優位に生存できるから，自己を維持していくことも，自己を再生し新しい個体を作ることも容易であり，それによって数も増えていく。進化という言葉がより優れた個体への変化ととらえられ，したがって高度に進化した生命体は進化途上の生命体やまだ進化の過程に入っていない生命体に比べて優れていると一般には考えられがちであるが，私はこのような考え方は進化の最先端にある人間の驕りではなかろうかと思う。そう考えると，人間も生命体の一つの形であり，他の生物も違った形をもった生命体であることが認識され，その価値に優劣をつけたり，人間が他の生物を支配する権利をもつなどと考えることは誤ったことだと思う。

(3) 地球環境の持続性と生物多様性

地球以外の星にも生命体が存在するかもしれないという夢が語られているが，本書では地球上の生命体に限って話をすることにする。上に述べたように，ヒトも他の生命体も地球上における同じ生命体の一つだと考えると，ヒトが環境を変えヒトだけが快適に生活できるような地球にしてしまうことは地球上のあらゆる生命体にとって不都合な状況だといえる。しかし，ヒトは18世紀の産業革命以来化石燃料を浪費し，大量の水資源を使い，多くの汚染物質を排出することで地球環境にダメージを与え続けている。50年前の大気中の二酸化炭素濃度は0.03％であったが，現在では0.04％となっている。わずかな増加であるともいえるけれど，増加率にすると30％を超える増加である。温暖化の影響も無視できない。最近の日本の気象の変化を考えても温暖化がないとはいえないであろう。経済大国であり，資源の大消費国であるアメリカがこれを否定してパリ協定を離脱するという暴挙に出たことはエコライフを目指すわれわれ日本人にとっては大きな驚きであった。地球環境を維持し，生物の多様性を維持することは，最も進化したヒトに課せられた責任ではないだろうか。生命というものを考えるときに，私には地球環境の持続性と生物の多様性が常に頭をかすめる。

(4) 生命の不可逆性と連続性

いのちの特徴は何かと考えると、それは不可逆であることと連続であることだと思う。すなわち、成長の過程を考えても、生命の終わりである死を考えても、時間を後戻りさせることはできないのである（最近のiPS細胞技術はこの不可逆性にチャレンジしているのだが）。連続性とは「種の保存」に表わされる個体の再生産である。どの生命体もその種が連続しなければ生命体として存続できない。生物間の争いと競争はまさに個体を維持し、自己の種を維持し連続させるための行為ではなかろうか。食物連鎖も生命体が自己を維持し、自己の種を維持するためのエネルギー獲得のための行為である。

生物の生命維持、種の維持に必要なエネルギーはもとをただせば太陽エネルギーである。植物は太陽エネルギーを直接利用できるが、動物はそれができない。そのため動物は直接的であれ、間接的であれ、植物がとらえた太陽エネルギーを取り込んで「生きている」のである。このような食物連鎖を考えてもヒトはヒトだけでは生きていけないことは明白である。生命の倫理を考えるとき、ヒトの生命だけでなく、地球上にあるすべての生命体に思いを馳せ、それらを崇敬する気持ちをもつことが必要だと考える。

■ 2. 人間の社会

(1) ヒトとヒトとの関係——人間の社会

次に、地球上の生命体という大きな集団から、ヒトを中心とした人間社会を考えてみよう。高度に発達した脳をもつヒトは進化した類人猿なのだろうか。ラマチャンドラン（Ramachandran, 2011）も最近の著書の中で述べているように、ヒトと類人猿の脳の間には飛躍的な相違があり、その結果この二つの"動物"は量的な違いというよりも質的な違いが生じているというのである。とりわけこの発達した脳のおかげで人間はさまざまなことを考え、行えるようになった。その結果、人間は他の生命体に対してだけでなく、他の人間に対してもさまざまな行為を行い、その行為が相手にさまざまな影響を与えることになる。相手の命を奪うという極端な行為でなくても、相手を傷つけ、その存在を危うくすることもある。人間が誰しも平穏で幸せに生命を維持できるように、

私たちは自らの行為を律することが必要である。生命倫理の根本はこうした考え方ではなかろうか。また，それができるのも発達した脳のおかげである。

(2) 生命倫理の始まりとその後の発展

「生命倫理」とはアメリカで生まれた「バイオエシックス（Bioethics）」の訳語である。人間はこれまで多くの戦争の中で敵や捕虜だけでなく民間人に対しても，極めて残酷，野蛮で非人道的な行いをしてきた。ナチスの残虐な人体実験を糾弾したニュールンベルク裁判をきっかけに，ヒトを対象とする研究の倫理的基本原則として，同意の4条件——自発性，適切性，情報の提供，理解——が明文化された（1947年）。しかし，このような非倫理的な人体実験が戦時下でなく平時のアメリカで行われていたことに対する国民の非難と反省が，1950年代の市民運動とあいまって，アメリカにおけるバイオエシックスの誕生に結びつき，それが生命と人権を守る運動として世界的に展開した。

この中では，安楽死に関する医学的論議は古くからあるが，最近では医学，遺伝子工学の発達により，倫理学的な考察を必要とする診断，治療，実験が多くなってきている。脳死，着床前診断等の遺伝子診断，人工妊娠中絶，代理母出産，脳死，臓器移植，安楽死・尊厳死，インフォームドコンセント，終末期医療，看護倫理，ヒトクローン研究などがある。また，実験動物の扱い，遺伝子組換えによるバイオハザードの規制，遺伝子組換え作物による遺伝子汚染などがある。

引用文献

Ramachandran, V. S. (2011). *The Tell-Tale Brain*. New York: W. W. Norton.（山下篤子（訳）(2013). 脳のなかの天使　角川書店）

参考文献

近藤　均・酒井明夫・中里　巧・森下直貴・盛永審一郎（編）(2002). 生命倫理事典　太陽出版

2 コメディカルの生命倫理

　今日,医療の進化と専門の分化によってコメディカルが医療体制を支えている現実を疑うものはいない。しかしそもそもコメディカルはいつから広まったのか,その倫理はどのように共有されたのか,そしてコメディカルに期待されているチーム医療の課題について,本章ではみていこう。

1. コメディカルの構成と広がり

(1) コメディカルとは

　コメディカル (comedical) とは,医師と協同して医療を行う医療専門職種の総称をいい,看護師,助産師,保健師,理学療法士,作業療法士,診療放射線技師,臨床検査技師,(管理) 栄養士などがある (厚生労働省,2007)。一方,コメディカルのメンバーとは誰をさすのか,異なる解釈もある。朝日新聞データベース知恵蔵によれば,医師および歯科医師に加え看護師や薬剤師もメディカル (medical) に属するためこの中には含めないとしている。また,医療法上の規定はなく,各学会や施設など,場によって指し示す職種の範囲は異なることも指摘されている。ここでは看護師や薬剤師に加え広く医療職にある者をコメディカルととらえておく。

　多様な職種の医療従事者は,対等で協働するものとしてコメディカルという言葉は広まった。以前はパラメディカルという語が医療従事者を表わす言葉であった。パラメディカルとは,本来,「医師の手伝いをする」という意味の形容詞で,医師,歯科医師以外の医療従事者をさすパラメディカル・スタッフ (paramedical staff) の意味で用いられることが多かった。para- という接頭語

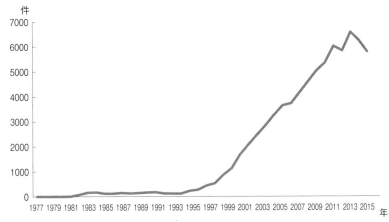

図 2-1　コメディカル論文数の推移

には「……に補足する」「……に従事する」という意味もあり，医師とその他の医療従事者の関係は上下関係であるべきでないという批判から，協働を示すco- を使用したコメディカルという語が支持を得るようになる。医師，歯科医師にコメディカルを含め，より包括的にメディカルスタッフと呼称することを提唱する動きもある。

　1980 年代前半に登場したコメディカルという和製英語は，医療関係者の中で広く認知される。国内最大の医学文献情報データベース医中誌で「コメディカル」が含まれる論文数を検索すると，この言葉は 1980 年に初めて登場する。その後 1990 年には 100 件を超え（163 件），2000 年には 1,000 件を超え（1,138 件），2010 年には 5,000 件を超え（5,039 件），広く認知されていくことが見て取れる（図 2-1 参照）。

(2) 医療体制の変化におけるコメディカルの登場

　コメディカルの登場を医療体制の状況からみてみよう。厚生労働白書（厚生労働省，2007）によれば，これまでの医療提供体制の歴史は，①医療基盤の整備と量的拡充の時代（おおむね 1945 年（昭和 20 年）から 1985 年（昭和 60 年）まで），②病床規制を中心とする医療提供体制の見直しの時代（おおむね 1985 年から 1994 年（平成 6 年）まで），③医療施設の機能分化と患者の視点に立っ

た医療提供体制の整備の時代（おおむね1992年（平成4年）以降）の3つの時代区分に分けられる。ここでの医療基盤の整備と量的拡充の時代に、多様なコメディカルは登場する。保健医療需要の増大や医学・医療技術の進歩に伴う医療内容の高度化などに対応して、コメディカルの専門分化が図られ、多様な職種が登場した。医療マンパワーの中核をなす医師、歯科医師、薬剤師および看護師に加えて、医学的リハビリテーションの需要の高まりや検査業務の高度化など医療体制の変化に伴い、新たな資格制度が創設された。

(3) コメディカルの構成職種と倫理綱領

コメディカルの構成メンバーは、国家試験や都道府県試験を経てライセンスを取得すべき職種が中心である。第二次世界大戦以前に、身分法のある職種は医師と看護師と薬剤師だけであり、多くの職種が法的に承認されるのは戦後の

表2-1 主なコメディカルの国家資格（細田，2012に筆者が一部加筆）

認定開始年	
1948年	医師
1948年	歯科医師
1948年	薬剤師
1948年	保健婦（のちに保健師）
1948年	助産婦（のちに助産師）
1948年	看護婦（のちに看護師）
1951年	診療エックス線技師（のちに診療放射線技師）
1958年	衛生検査技師（のちに臨床検査技師と衛生検査技師）
1962年	管理栄養士
1965年	理学療法士
1965年	作業療法士
1971年	視能訓練士
1987年	社会福祉士
1987年	介護福祉士
1987年	臨床工学技士
1987年	義肢装具士
1991年	救急救命士
1997年	言語聴覚士
1997年	精神保健福祉士
1997年	介護支援専門員

ことである。医師や看護師や薬剤師の身分法は戦後の1948年（昭和23年）に改めて制定される。それらを含め主なコメディカルの国家資格を表2-1に示した。1951年（昭和26年）に診療エックス線技師，1962年（昭和37年）に管理栄養士，1965年（昭和40年）に理学療法士，作業療法士が国家資格として認定され，その後徐々に他職種を規定する法は整備されていく。

　専門職の仕事をするにあたっての行動指針が記されているのが倫理綱領である。複雑な業務において判断をしなければならないときの規範である。自律尊重原則，善行原則，無害原則，正義原則の4原則はビーチャム（Beachamp, T. L.）とチルドレス（Childress, J. F.）によるもので，生命倫理学の定説となっている（松葉，2014）。コメディカルのそれぞれの倫理綱領も，基本的にこの4原則を踏襲したものとなっている。看護師，理学療法士，管理栄養士・栄養士の倫理綱領を資料として巻末に示したので参照されたい。

2. 医療者と患者の関係性の歴史的変遷

　ここでは古代から近代の医療倫理の歴史を概観し，コメディカルの生命倫理の理解のための前提としての医療倫理の変遷を辿る。とりわけ医療者と患者の関係性に注目し，その変化を確認したい。

(1) 患者優位の関係——古代

　古代における医療はいくつもの伝統的系譜が存在した。ギリシャ医学を発端とする西洋医学，インドのアーユルヴェーダ医学，中国医学，その他にもアフリカ，アジア，南米，世界各地に伝統医療が存在した。各系譜の中でも多様な流派が存在した。

　いくつもの系譜が存在する伝統医療であるが，共通する要素に呪術的要素と経験的要素がある（宮坂，2011）。呪術的要素とは，伝統的な信仰や風習に基づいた呪術（まじない，祈りなど）を病者に施し，病から救おうとするものである。医療者は，宗教的権威者やシャーマン（呪術師）であることもあった。経験的要素とは，土地に自生している植物，土，鉱物などの薬効の知識を経験に基づいて蓄え，薬として処方するというものである。これらは合理的な治療を

2 コメディカルの生命倫理

表 2-2　ヒポクラテスの誓いと現代倫理の対応

現代の医療倫理	ヒポクラテスの誓いより抜粋（訳：小川鼎三）
無害原則	私は能力と判断の限り患者に利益すると思う養生法をとり，悪くて有害と知る方法を決してとらない。
恩恵原則	頼まれても死に導くような薬を与えない。…同様に婦人を流産に導く道具を与えない。
正義原則	純粋と神聖をもってわが生涯を貫き，わが術を行う。
守秘義務	医に関すると否とにかかわらず他人の生活について秘密を守る。

行おうという科学的な側面をもつが，あくまで経験に基づく判断であった。

　倫理についての古代医療の資料は少ないが，希少例として「ヒポクラテスの誓い」がある。倫理はそれぞれの職業集団で，職業活動や習慣の中に信仰と相まって組み込まれており，倫理規範は口承や範とされることを真似ることで学び受け継ぐものであった。倫理綱領は，医療従事者である自分たちが守るべき倫理規定を明文化したもので，その数少ない例がヒポクラテスの誓いである。ヒポクラテスの誓いは，現在の倫理綱領の嚆矢とされるが，さまざまな医療流派が乱立する当時の状況で，自分たちの医術の正当性を示すプロパガンダであったともみなされている。

　倫理原則の原型とされるヒポクラテスの誓いは，現代に通じる倫理原則を含むが，現代との決定的相違点として**自立尊重原則**（患者の自律・自己決定を尊重すること）の欠如（宮坂，2011）が指摘される。ヒポクラテスの誓い（小川鼎三訳）の一部分と現代倫理の対応として表 2-2 を示した。現代と共通するものとして，無害原則，恩恵原則，正義原則，守秘義務などがある。しかし，ヒポクラテスの誓いの中には自立尊重原則はみられない。その理由として，古代の医療倫理では，患者にとって何が有益で，何が無益かを判断するのは，患者ではなく医師であったからであり，ヒポクラテスの誓いを**パターナリズム**を象徴するものでもあるとする指摘がある。そして，患者と医療者の関係から考えると違った見方ができる。

　当時の患者と医療者の関係に注目すると実質的には患者優位の関係であった。呪術的要素と経験的要素を骨格とする古代の医療は科学的根拠が希薄で，医療者には権威がなかった。一方の患者は経済的に余裕のある一握りの裕福層

で多くは高貴な人々であった。そのような関係では，患者の自律と尊重は改めて言うことでなく，自明のことであった。ヒポクラテスの誓いに自立尊重原則が含まれないのは，明文化の必要がなかったためとみられる。

(2) 医療者優位の関係——中世

　医療者と患者の一対一の関係に変化をもたらすのは，中世に宗教者たちが作った医療施設である。宗教者たちは慈善活動として，病に苦しむ貧しい人々に手を差し伸べる。病が重ければ，ケアにも手がかかり，一対一での対応は困難になる。そこで，そういったケアの必要な病者を一つの場所に集め，ケアをする人も複数でケアにあたるという病院の原型である医療施設が誕生した。イタリアの聖ベネディクトゥス（Benedictus）は，モンテ・カッシーノ修道院を創設し，修道院内に福祉施設を設け，病者へのケアを行った。貧者に対する慈善活動は宗教者だけでなく，社会的身分の高い人々も少なからず存在した。

　中世にはイタリアのサレルノ，ボローニャやフランスのパリに医学校が設置され大学での専門教育が開始される。多数の病者を複数の医療者で診るということは，診る側に共有の知識が不可欠となる。知識は，自分の所属する流派の師匠の行いを真似る（あるいは盗む）ものから，一堂に会して学ぶものとなった。このことは医師の専門職としての一定の技能を保証し，その分，古代からの特徴であった医療の呪術的要素を脱色していくものとなった。

　患者優位から医療者優位の関係への変化が，集団的医療施設によってもたらされた。古代，特別な社会階層の人々が患者であった頃，患者は少数であり往診を中心に医療が提供されていた。患者は，競合する医療集団から好きな医療者を選ぶという患者優位の関係であった。集団的な医療が開始されると，そこに収容される患者は貧しく，社会階層の高くない人々が患者の多数派となった。医師は大学で専門教育を受け，国家によって統一的な資格を与えられ少数エリートとなった。資格はそれをもつものに社会的な権威も与える。多数の貧しい患者と，権威をもった少数エリート医師集団の関係は，医師優位の関係への変化を招いた。

(3) 関係の不在から患者中心へ——近代から現代

　近代は科学としての医療が開花し，疾病の原因が次第に解明され，診断や治療の方法が確立されていく。17世紀には顕微鏡を使って細菌と微生物が初めて観察された。病気の原因を微生物と考えたパスツール（Pasteur, L.）はコッホ（Koch, H. H. R.）とともに微生物学を誕生させた。コッホは1882年に結核菌，1883年にコレラ菌を発見する。

　近代医療では医師優位の関係が強化される。18から19世紀ヨーロッパでは，医療の提供は病院が中心となり中世の宗教施設が宗教色を薄め大規模な病院として普及する。医師国家試験も整備され，科学的知識のある少数エリート医師と素人である多数の患者という関係では力関係が明確化し，患者のことは，専門家である医師が決めるというパターナリズムが強まっていく。

　自然科学だけでなく人文科学の学問領域も発展し，19世紀には社会性や功利性を背景に疫学，公衆衛生学が誕生する。近代看護学の第一人者であるナイチンゲール（Nightingale, F.）は，母国イギリスでは統計学の先駆者と考えられている。彼女は派遣されたトルコ・クリミヤの野戦病院でイギリス軍の戦死者・傷病者に関する膨大なデータを分析した。彼らの多くが戦闘で受けた傷そのものではなく，傷を負った後の治療や病院の衛生状態が十分でないことが原因で死亡したことを明らかにした。彼女の報告書によって，病院の環境改善が実現し，病院死亡率は劇的に低下した。統計を利用し客観的に医療の質を評価し，病院マネージメントの改革を行った功績は大きい。

　諸科学の発展は，のちに人類に大きな禍根となる優生学をも誕生させる。優生学は人類の遺伝的素質を向上させ，劣悪な遺伝的素質を排除することを目的とした学問である。これを政策に大規模に応用し，国家を構成する国民の改良を試みたのがナチスドイツである。政策という名の虐殺は他に類をみないものであったが，優生学に基づく社会改良運動はドイツ以外にもあった。障害者に対する断種政策は今日，先進国といわれる多くの国に存在した。

　皮肉なことに優生学は医学を躍進させた。社会改良運動政策のもとで医学は，病気や障害を治療し克服するためでなく，選別し排除するために利用された。排除される人間は，もはや人として扱われず，多様な人体実験の材料とされた。アウシュビッツ強制収容所で，医師の行った医学人体実験（小俣，2003）

には，子どもの目に青い染料を注射して，青い目になるか調べた実験，双生児を背中合わせにつなぎ合わせ結合体をつくろうとした実験，被験者に高い線量の放射線を浴びせる実験などがあった。日本の七三一部隊が中国で行った人体実験は，多額の国家予算を充てた大規模なもので，流行性出血熱，各種の風土病や普通の伝染病，凍傷の研究などもあった（常石，1993）。実験で得られたデータは医学の発展に寄与したかもしれないが，倫理を無視したこれらの実験は，今日では決して許されない。

　医療従事者が人命を奪った悲劇とその断罪を経て，人は存在のうえで対等であることの確認がなされ，医療では患者中心といわれる現代が到来する。戦時下という特殊な状況で，非道なことが正当化され，倫理は顧みられることなく，インフォームドコンセントは存在しなかった。人が人の改良を試み，不要と判断したら排除する。相手を人と考えていない状況で人と人との関係は存在しなかった。この関係の不在を経験し，実験協力者の権利，そして患者の権利が保障されることになる。現代とは二つの世界大戦の悲劇を経て，患者の権利（自律尊重原則）が確立されるまでの過程といえる。

3. チーム医療の期待と展望

(1) チーム医療の推進

　コメディカルが担うことを期待されている「チーム医療」という言葉は近年よく使用される。しかし「チーム医療」という言葉が初めて使われるようになったのは最近ではない。1970年代には，複数の医療従事者が関わる医療を意味するのに「チーム診療」「チーム診察」「組織医療」「医療チーム」など，さまざまな言葉が使用される段階を経て，80年代になり「チーム医療」といえばその指示する内容がある程度共有されるような一つの用語になった（細田，2012）。

　近年の生命科学の急速な発展のもと，医療の高度化，専門化は加速され，医療の提供には他職種で構成されるコメディカルの協働実践であるチーム医療が不可欠である。その背景として①医療技術の進歩，②人口構造・疾病構造の変化，③患者の権利・社会ニーズの変化，④医療安全への要請，などが指摘される（水本，2011）。

チーム医療を行う第一の目的は，医療の質の向上であり，チームは共通の目的・到達目標・手段に合意し，その達成のために責任を分担する相互補完的な技能を持つプロフェッショナルにより構成される（水本，2011）。厚生労働省のチーム医療の推進に関する検討会は2010年（平成22年）に「チーム医療の推進について」の報告書（厚生労働省，2010）を公表している。それによるとチーム医療とは，「医療に従事する多種多様な医療スタッフが，各々の高い専門性を前提に，目的と情報を共有し，業務を分担しつつも互いに連携・補完し合い，患者の状況に的確に対応した医療を提供すること」とされている。また，チーム医療がもたらす具体的な効果としては，①疾病の早期発見・回復促進・重症化予防など医療・生活の質の向上，②医療の効率性の向上による医療従事者の負担の軽減，③医療の標準化・組織化を通じた医療安全の向上，等が期待される。

チーム医療の実践には IPE（Interprofessional Work；専門職連携協働）が必要であるがその実現に向け，医療従事者を養成する段階での教育の重要性が注目されている。「チーム医療論」という名称の講義が医療系大学ではじめて開講されたのは2000年である（鷹野，2002）。以降，「チーム医療」あるいは類似の講義を開講する大学は急増した。チーム医療の実践は，医療現場に出て直ちにできるようなものではなく，学生時代から専門領域を超えて，同じ場所でともに学びながら，その能力が培われる（水本，2011）と考えられているためである。そして，これが IPE（Interprofessional Education；専門職連携教育）といわれるものである。

(2) チーム医療実践の困難

期待の大きいチーム医療であるが，その実践は困難を伴う。チーム医療という言葉が使用されるようになって数十年が経過し，それが不可欠なものである認識は広く持たれ，厚生労働省の報告書での推進の強調や大学での早期教育の実施は確認した通りである。このことは，それが重要なものではあるが，その実践が困難であることを裏付けている。実際，チーム医療に対するコメディカルのさまざまな見方，困難の声は存在する（細田，2012）。

実践の困難の原因は何であろうか。自由開業制は，明治政府が西洋医学の急

速な普及を図るため，1874年に制定した医制の重要な柱である（島崎，2011）。現在も存続するこの制度は，長期にわたって医師が医療提供者としての決定権をもつことを担保してきた。このことを背景として医療者組織のヒエラルヒー構造が存在し，医師を頂点とした主従関係が協働実践の妨げの根幹だとする指摘は医療社会学で散見される。他方，実践の困難性をチーム医療の要素の対立から考えた（細田，2012）ものもある。

チーム医療の要素とは何であろうか。細田（2012）は，医療従事者たちが，日々の医療活動においてチーム医療と考えているもの，またチーム医療として実践していることを明らかにする試みで，当事者の志向性に着目し，チーム医療の4つの要素を報告している。専門性を備えそれを発揮しようとする①専門性志向，患者の声を最優先にしようとする②患者志向，チームメンバーとして複数の職種が位置づけられていることに関心を寄せる③職種構成志向，複数の職種が対等な立場で協力して業務を行うことに関心を寄せる④協働志向，である。

細田（2012）によれば，チーム医療の困難さは，この4つの要素の相克関係によって理解できるとする。4つの要素が互いに相容れない緊張状態にあったり，一つを充足させようとすると，他の充足が困難になったりすることを指摘する。例えば，専門性志向と患者志向の相容れない緊張関係には次のようなものがあげられる。専門性を追求することは，自分の専門知識や技術を生かしたい，あるいは専門的な仕事だけをしたいという欲求も滑り込み，専門的な仕事だけをすればよいという考え方にも傾斜しがちとなる。専門家としての態度が強調されれば，医療内容が患者の利益になっているか吟味する視点は抜け落ちやすくなる。逆に，患者中心ということだけが追求されるならば，専門性が追求されにくくなることもある。そしてそれが患者の要求を代弁するだけのものにとどまるのであれば，患者の医療上のニーズへの配慮不足につながったり，場合によっては各種の専門性を軽視するものになったりする。実践の困難を説明する要素の組み合わせは複数あるが，重要なのはそれぞれの状況における志向性のバランスであろう。

さて，ここで4つの要素を援用してコメディカルの倫理綱領を眺めてみると，協働志向と職種構成志向への言及が希薄であることに気付く。資料に示し

た看護師，理学療法士，栄養士の倫理綱領から考えてみよう。その内容はほとんどが専門性志向と患者志向に集約される。協働志向と考えられるものは，看護師の〈倫理綱領条文9〉，理学療法士の〈倫理規程遵守事項3〉，ならびに栄養士の〈倫理綱領2〉の3つのみで，職種構成志向に該当するものは見当たらない。協働志向と職種構成志向はチームワークに寄与する要素である。それぞれの専門職の倫理綱領にその記載が希薄であるということは，行動規範として未だ根付いていないことを示している。

(3) チーム医療実践課題への展望

チーム医療の実践が困難なものであろうと，取り組みへの回避はできない。実践の困難について，チーム医療の4つの要素の相克と，多職種チームワークを重視する行動規範の確立が不十分であることをみてきた。しかし，医療の進展に代表される社会の変化が，医療の多職種を要請し，そこで期待されるチーム医療，IPWのためにIPEが強化されている現状も確認した。

現在は実践場面での困難に対して真摯に向き合い，地道に問題解決を試み，その蓄積を叡智へと変換する作業が要求されている段階である。

その実践の可能性の検討は本書の役割を超えるものであるが，チームの力が機能するための理路を一部だけ紹介し章を閉じる。西條（2015）による〈価値の原理〉と〈方法の原理〉である。価値の原理とは，すべての価値は目的や関心，欲望といったものに応じて立ち現れるというのである。また，方法の有効性は状況と目的に応じて決まる，というのが方法の原理である。同じ疾患をもつ同じ年齢の患者を前にしても，それぞれのコメディカルの関心によって，さらには職種を越えて個々の医療者によって，価値を置くものは異なる。望まれる状態によって，cureとcareの配分とアプローチ法は異なる。チーム医療の目的の共有は，こういったチームが機能するための原理を踏まえたうえでなされることが必要であろう。

> **一緒に考えよう！**
> 1. 医療従事者が人命を奪った悲劇は過去のことと言い切れますか？ また，Yesであれ No であれ，あなたはどうしてそう考えるのですか？
> 2. チーム医療がうまく機能していない場面とは，どのような場面があるでしょうか？ また，それはどうすれば改善できると思いますか？

引用文献

細田満和子（2012）.「チーム医療」とは何か　日本看護協会出版

厚生労働省（編）（2007）. 厚生労働白書〈平成19年版〉医療構造改革の目指すもの

厚生労働省（2010）. チーム医療の推進について　http://www.mhlw.go.jp/shingi/2010/03/dl/s0319-9a.pdf〈2017. 8. 6 アクセス〉

松葉祥一（2014）. 看護倫理　医学書院

宮坂道夫（2011）. 医療倫理学の方法─原則・手順・ナラティヴ　医学書院

水本清久（2011）. Ⅰチーム医療概論　1. チーム医療とは　水本清久・石井邦雄・土本寛二・岡本牧人（編）インタープロフェッショナル・ヘルスケア実践　チーム医療論─実際と教育プログラム　医歯薬出版　pp.1-7.

日本看護協会（2014）. 看護者の基本的責務─定義・概念/基本法/倫理　日本看護協会出版会

小川鼎三（訳）ヒポクラテスの誓い　日本医師会ホームページ　http://www.med.or.jp/doctor/member/kiso/k3.html

小俣和一郎（2003）. 検証・人体実験─731部隊・ナチ医学　第三文明社

大澤真幸・吉見俊哉・鷲田清一（編）（2012）. 現代社会学事典　弘文堂

西條剛央（2015）. チームの力─構造構成主義による"新"組織論　筑摩書房

島崎謙治（2011）. 日本の医療─制度と政策　東京大学出版会

鷹野和美（2002）. Ⅵチーム医療の教育─患者中心のチーム医療を目指して　鷹野和美（編）チーム医療論　医歯薬出版　pp.93-106.

常石敬一（1998）. 消えた細菌戦部隊　筑摩書房

3 学校教育における生命倫理の扱い

1. 教育基本法や学習指導要領における生命尊重の心の育成についての考え方

　学校教育において，子どもたちの生命が尊重されることや子どもたちに生命尊重の心を育むことは，最も重要な課題である。本章では，特に，子どもたちに生命尊重の心を育くむ指導について取り上げていきたい。

　まず，教育の根幹となる教育基本法および学校教育法には，生命尊重の心の育成について以下のように記されている。以下，下線は筆者によるものである。

教育基本法　第二条（教育の目標）
　四　<u>生命を尊び</u>，自然を大切にし，環境の保全に寄与する態度を養うこと。
学校教育法　第二十一条（義務教育の目標）
　二　学校内外における自然体験活動を促進し，<u>生命及び自然を尊重する精神</u>並びに環境の保全に寄与する態度を養うこと。

　さらに，具体的な教育課程について定めている学習指導要領においても，道徳教育を中心として，生命尊重の心を育てていくことが強調されている。

小学校学習指導要領「第1章　総則」「第1　小学校教育の基本と教育課程の役割」
　2（2）（略）道徳教育を進めるに当たっては，人間尊重の精神と<u>生命に対する畏敬の念</u>を家庭，学校，その他社会における具体的な生活の中に生かし，豊かな心をもち，（以下略）

　特に，道徳教育は，「特別の教科　道徳」（以下，道徳科という）を要として，教育活動全体を通じて行われる。生命尊重の心を育てることが，教育活動のあらゆる場面において求められているのである。学校として，子どもたちの生命尊重の心の育成の意義や必要性を常に意識しながら，意図的，計画的に指導を

進めていくことは，とても重要なことである。

　なお，この「**生命に対する畏敬の念**」は，1989 年（平成元年）の学習指導要領の改訂の際に，道徳教育の目標に挙げられている人間尊重の精神をより深化させるという趣旨で入れられたものである。この「生命に対する畏敬の念」については，『学習指導要領解説　総則編』において，次のように説明している。

> 　生命に対する畏敬の念は，生命のかけがえのなさに気付き，生命あるものを慈しみ，畏れ，敬い，尊ぶことを意味する。このことにより人間は，生命の尊さや生きることのすばらしさの自覚を深めることができる。生命に対する畏敬の念に根ざした人間尊重の精神を培うことによって，人間の生命があらゆる生命との関係や調和の中で存在し生かされていることを自覚できる。さらに，生命あるもの全てに対する感謝の心や思いやりの心を育み，より深く自己を見つめながら，人間としての在り方や生き方の自覚を深めていくことができる。これは，自殺やいじめに関わる問題や環境問題などを考える上でも，常に根本において重視すべき事柄である。

　学校教育において生命を扱う際は，このことが基本的な考え方となる。

　さらに，『学習指導要領解説　特別の教科　道徳編』においては，生命の捉え方について，次のように説明している。

> 　生命を尊ぶことは，かけがえのない生命をいとおしみ，自らもまた多くの生命によって生かされていることに素直に応えようとする心の現れと言える。ここで言う生命は，連続性や有限性を有する生物的・身体的生命に限ることではなく，その関係性や精神性においての社会的・文化的生命，さらには人間の力を超えた畏敬されるべき生命として捉えている。そうした生命のもつ侵し難い尊さが認識されることにより，生命はかけがえのない大切なものであって，決して軽々しく扱われてはならないとする態度が育まれるのである。

　私たち人間の生命は，ありとあらゆる生命とのつながりの中で存在するものである。そして，「生かされた生命」，「生命の連続性」，「生命の有限性」といった多様な視点や，「生物的・身体的生命」だけでなく「社会的・文化的生命」といった視点，さらには人間の力を超えた畏敬されるべき生命など，生命を多様にとらえ，生命に対するかけがえのなさを自覚できるようにすることで，自殺やいじめ，環境などに関わる問題への対応をはじめとし，人間としての自らの在り方や生き方を考え，よりよく生きていこうとする態度へとつながるのである。

2. 小学校,中学校における生命尊重の心の育成

では,具体的にどのように指導が進められていくのか。そこで,小学校,中学校における生命尊重の心の育成について考えていきたい。

先述のように,生命尊重の心の育成は,道徳教育を中心として進められる。道徳教育では,1989年(平成元年)の学習指導要領の改訂の際に,道徳の内容の全体が4つの視点で分類整理され,さらに2015年(平成27年)に「特別の教科 道徳」として教科化された際に,次のように再編された。

　A　主として自分自身に関すること。
　B　主として人とのかかわりに関すること。
　C　主として集団や社会とのかかわりに関すること。
　D　主として生命の大切さや自然,崇高なものとのかかわりに関すること。

すべての視点にわたって「生命に対する畏敬の念」を基盤としつつ,特にDの視点の1番目に,生命尊重に関わる内容が位置付けられ,生命尊重についてさらに深く扱うようになっている。また,AからB,C,Dへと児童生徒にとっての対象が広げられ,生命の大切さのDは,最も広い対象として位置付けられている。さらに,生命尊重に関わる内容は,学年の段階ごとに示され,それぞれの学年の発達の段階に合った指導を進めていくことで自覚を深めていくことができるようになっている。

学習指導要領に示されている内容は,次のとおりである。

低学年……生きることのすばらしさを知り,生命を大切にすること。
中学年……生命の尊さを知り,生命あるものを大切にすること。
高学年……生命が多くの生命のつながりの中にあるかけがえのないものであることを理解し,生命を尊重すること。
中学校……生命の尊さについて,その連続性や有限性なども含めて理解し,かけがえのない生命を尊重すること。

これらのことを,「特別の教科 道徳」を要としながら,学校の教育活動全体を通して育んでいくことになる。

すなわち,週1時間の道徳科の時間では,生命尊重を真正面から取り上げ,読み物教材等も活用しながら,発達の段階に応じて生命の大切さの意味を児童

生徒が自分との関わりで考えながら，自覚を深めていくことができるようにする。
　一方，教育活動全体では，各教科等においてそれぞれの時間の特質を生かしながら，その教科等の目標や内容，教材等に沿って生命尊重について児童生徒が実感したり，体験したりすることができるような学習が進められるのである。
　なお，『学習指導要領解説　特別の教科道徳編』では，先に挙げた各学年の段階ごとの生命尊重の内容について詳しく解説されている。そこで，この解説を基に，学校で生命尊重の心の育成がどのように進められているのかを見ていきたい。

3. 学年の段階ごとの生命尊重の心の育成

　ここまで述べてきたように，学習指導要領では，学年の発達の段階が大切にされている。それぞれの段階に応じた学習活動を展開し，低学年から積み重ねることによって，生命の大切さを一人一人の子どもが確実に自覚を深められるようにしている。ここでは，『学習指導要領解説　特別の教科道徳編』を基に，それぞれの学年の特徴と学習の進め方について見ていきたい。

(1) 小学校，中学校における生命尊重の心の育成
①小学校低学年

> 　この段階においては，生命の尊さを知的に理解するというより，日々の生活経験の中で生きていることのすばらしさを感じ取ることが中心になる。例えば，「体にはぬくもりがあり，心臓の鼓動が規則的に続いている」「夜はぐっすり眠り，朝は元気に起きられる」「おいしく朝食が食べられる」「学校に来てみんなと楽しく学習や生活ができる」などが考えられる。
> 　指導に当たっては，これらの当たり前のことで見過ごしがちな「生きている証」を実感させたい。また，自分の誕生を心待ちにしていた家族の思いや，自分の生命に対して愛情をもって育んできた家族の思いに気付くなど，自分の生命そのもののかけがえのなさに気付けるようにすることが大切である。そのことを喜び，すばらしいことと感じることによって，生命の大切さを自覚できるようにすることが求められる。

　低学年の子どもたちは，生命について深く考えるところまでは，まだ至っていない。そこで，自分との関わりで生命の大切さを自覚できるよう，生きてい

図3-1　文部科学省『わたしたちの道徳』小学校1・2年用より

るからみんな楽しく元気に生活できるなどと，生活の中での具体的な場面や身近な生き物の誕生等を通じて「生きている証」やその喜びを実感するところから始めている。文部科学省が発行した『わたしたちの道徳』では，生きていることを感じるときやハムスターの赤ちゃんの誕生にまつわる教材，やなせたかしさんの「手のひらを太陽に」の歌詞などが登場し，「生きていること」について考え合い，自覚できるようにしている。

②小学校中学年

> この段階においては，現実性をもって死を理解できるようになる。そのため，特にこの時期に生命の尊さを感得できるように指導することが必要である。例えば，病気やけがをしたときの様子等から，一つしかない生命の尊さを知ったり，今ある自分の生命は，遠い先代から受け継がれてきたものであるという不思議さや雄大さに気付いたりする視点も考えられる。
> 指導に当たっては，生命は唯一無二であることや，自分一人のものではなく多くの人々の支えによって守り，育まれている尊いものであることについて考えたり，与えられた生命を一生懸命に生きることのすばらしさについて考えたりすることが大切である。あわせて，自分と同様に生命あるもの全てを尊いものとして大切にしようとする心情や態度を育てることが求められる。

「生命は大切である」と言っても，その「大切さ」は多様である。中学年では，それを少しずつ意識できるようなっている。生命の唯一性や有限性，生命の縦と横の連続性，生命の不思議さやその大きさといったことについて，病気

図 3-2 文部科学省『わたしたちの道徳』小学校 3・4 年用より

やけがをしたときに家族や多くの人たちが自分のことを心配したり見守ったりしてくれたことなど，日常生活に目を向けながら考えることができるようにしている。そして，自分の生命の大切さを自覚する中で，そのことを生命あるすべてのものへと広げることができるよう指導していくことになる。

③小学校高学年

> この段階においては，個々の生命が互いを尊重し，つながりの中にあるすばらしさを考え，生命のかけがえのなさについて理解を深めるとともに，生死や生き方に関わる生命の尊厳など，生命に対する畏敬の念を育てることが大切である。また，様々な人々の精神的なつながりや支え合いの中で一人一人の生命が育まれ存在すること，生命が宿る神秘，祖先から祖父母，父母，そして自分，さらに，自分から子供，孫へと受け継がれていく生命のつながりをより深く理解できるようになる。
> 指導に当たっては，家族や仲間とのつながりの中で共に生きることのすばらしさ，生命の誕生から死に至るまでの過程，人間の誕生の喜びや死の重さ，限りある生命を懸命に生きることの尊さ，生きることの意義を追い求める高尚さ，生命を救い守り抜こうとする人間の姿の尊さなど，様々な側面から生命のかけがえのなさを自覚し生命を尊重する心情や態度を育むことができるようにすることが求められる。

高学年においても，生命の有限性や連続性といった視点で生命の大切さを考えることになる。特に，支え合い，つながり，かけがえのなさ，生命のもつ重み，生きることの尊さ，共に生きることの素晴らしさなどが挙げられている。

図3-3　文部科学省『私たちの道徳』小学校5・6年用より

　また，生命に対する畏敬の念も，具体的に登場してくる。ただし，中学年と違い，日常生活にとどまらず，広く社会の中の生命に関する話題や，自分の生命を大きな時間の流れの中で捉えるなど，発達の段階に応じた指導が進められる。

④中学校

> 　中学校の段階では，入学して間もない時期には，小学校段階からの生命のかけがえのなさについての理解を一層深めるとともに，人間の生命の有限性だけでなく連続性を考えることができるようになっている。学年が上がるにつれて，生命について，連続性や有限性だけでなく，自分が今ここにいることの不思議（偶然性），社会的関係性や自然界における他の生命との関係性などの側面からより多面的・多角的に捉え，考えさせ，生命の尊さを理解できるようになり，かけがえのない生命を尊重することについてより深く学ぶことができるようになる。

　中学校になると，より一層，生命の大切さを多様な視点から自覚できるようになる。小学校から，日常生活をはじめとして対象を広げながら培ってきた有限性や連続性についての考え方を，人間の生命だけでなく多くの生命へと広げ，生命あるものは互いに支え合って生きていることや，自分が今，ここにいることの不思議さ（偶然性）といったことへと考えを広げていくこととなる。
　文部科学省の『私たちの道徳』には，今，自分がここに生きていることの偶然

図3-4 文部科学省『私たちの道徳』中学校用より

性，誰もがいつか必ず死を迎えるという有限性，そして，先祖から受け継ぎ，子孫へと受け渡していく連続性，さらに自分は他の誰でもない唯一無二の存在であること，私たち人間ばかりでなく生きとし生けるもの全てに思いをはせてみようといったことが取り上げられている。

そして，「自分」が，果てしない宇宙の中では小さな存在であるとともに，果てしない宇宙にあっても，はるか永劫の時の中にあっても，ただ一つの存在であり，二つとない存在であるというかけがえのなさを取り上げ，生命の誕生と死という二つの方向から生命尊重について考えることができるようにしている。

また，中学校では，「生命倫理に関する問題」として，「脳死と臓器提供」「クローン技術」「遺伝子検査」「代理母」「出生前診断」といった生命に関する現代的な課題について調べたり，話し合ったりしようと投げかけている。

以上，小学校と中学校における生命尊重の心の育成について述べてきた。小学校，中学校での生命尊重の育成についての学習は，生命がなぜ大切なのかを多様な視点で考えられるようになっていることが分かる。

なお，これらを総合すると，筆者は，生命尊重について児童生徒と考える場合，以下のように整理することができると考える。

○偶然性の視点から
・「命」の力強さや不思議さ。（強さ）
・「命」は授かったもので，人間の力を超えたものである。（偶然性）

○有限性の視点から
・「命」はなくすと元に戻すことはできない。（不可逆性）

・「命」には限りがある。（有限性）
　○連続性の視点から
　　・「命」は周りの人たちや生き物に支えられている。（横のつながり）
　　・「命」は受け継がれてきたものである。（縦のつながり）
　これらについて，さらに「誕生と死」「自分をはじめとする人間の生命と人間以外のあらゆる生命」「生きている生命と生かされている生命」「生命の小ささや軽さと，とてつもない大きさや重さ」などといった視点が考えられる。

4. 幼稚園，高等学校における生命尊重の心の育成

　幼稚園教育の拠り所となる幼稚園教育要領の中の記述である。

> 「第1章　総則」「第2　幼稚園教育において育みたい資質・能力及び「幼児期の終わりまでに育ってほしい姿」の3より
> 　(7) 自然との関わり・生命尊重
> 　自然に触れて感動する体験を通して，自然の変化などを感じ取り，好奇心や探究心をもって考え言葉などで表現しながら，身近な事象への関心が高まるとともに，自然への愛情や畏敬の念をもつようになる。また，身近な動植物に心を動かされる中で，生命の不思議さや尊さに気付き，身近な動植物への接し方を考え，命あるものとしていたわり，大切にする気持ちをもって関わるようになる。
>
> 「第2章　ねらい及び内容」「環境」「2　内容」より
> 　(5) 身近な動植物に親しみをもって接し，生命の尊さに気付き，いたわったり，大切にしたりする。
> 「第2章　ねらい及び内容」「環境」「3　内容の取り扱い」より
> 　(3) 身近な事象や動植物に対する感動を伝え合い，共感し合うことなどを通して自分から関わろうとする意欲を育てるとともに，様々な関わり方を通してそれらに対する親しみや畏敬の念，生命を大切にする気持ち，公共心，探究心などが養われるようにすること。

　幼稚園は，遊びや生活を通じて，身近な動植物に親しみをもったり，命の誕生や死について喜んだり，悲しんだりする経験を深めていくことで，生命尊重の心を育てることになる。ただし，それらは，道徳科のように，特定の時間の中で道徳的価値の自覚を深めるというものではなく，日々の生活の中での経験を通して行われる。幼稚園での生命に関するさまざまな，そして豊かな経験が，小学校での学習につながっていく。

一方，高等学校においては，道徳科は特設されていないが，教育活動全体における道徳教育の中で，小学校や中学校と同様に，「人間尊重と生命に対する畏敬の念」を育んでいくことが，学習指導要領の中に示されている。

具体的には，「公民科」の科目「現代社会」の中では，「『現代社会における諸課題』としては，生命，情報，環境などを扱うこと。」とあり，「生命」を現代社会における諸課題として取り上げることとされている。

また，科目「倫理」では，目標に「人間尊重の精神と生命に対する畏敬の念に基づいて，青年期における自己形成と人間としての在り方生き方について理解と思索を深めさせるとともに，人格の形成に努める実践的意欲を高め，他者と共に生きる主体としての自己の確立を促し，良識ある公民として必要な能力と態度を育てる。」とある。この中の，「生命に対する畏敬の念」は，平成21年の学習指導要領の改訂の際に新たに加えられたものである。

内容では，「(3) 現代と倫理」の中で，人間の尊厳と生命への畏敬についての倫理的な見方や考え方を身に付けさせ，他者と共に生きる自己の生き方に関わる課題として考えを深めさせることや，生命，環境などにおける倫理的課題を自己の課題とつなげて探究する活動を通して，論理的思考力や表現力を身に付けさせるとともに，現代に生きる人間としての在り方生き方について自覚を深めさせることとされている。

その際，「生命」を扱う際の配慮を，『高等学校学習指導要領解説　公民編』では，次のように求めている。

「生命」については，近年の生命科学や医療技術の発達に伴い，従来の生命観のみでは対処できない様々な問題が生じてきていることなどにも触れながら，生命の誕生，老いや病，生と死の問題等を通して，生きることの意義について考えさせる。その際，これらの問題が倫理・宗教・哲学・科学・法律・経済・文化など様々な領域に広くかかわる問題であるとともに，家族や地域をはじめとする人と人とのかかわり，福祉や社会保障制度など社会とのかかわりの中にあることに気付かせる。老いや病や障害とともに生きる意義と社会の在り方について考えさせることも大切である。また，人間の生命が自然の生態系の中で，他の生命との相互依存関係において維持されていることを認識させ，人間中心の生命観にとどまることのないようにし，他のすべての生命との調和的な共存関係の大切さを理解させる。

実際，教科書には，次のような教材が載せられている。

現代的な課題として，老い，死，臓器移植，脳死，人工授精，代理出産，人

工妊娠中絶，遺伝子操作，クローンなど。また，生命観に関しては，私たちの生命が自然の生態系の中で他の生命と深く関わっていること，輪廻転生，アニミズムの信仰，デカルトの心身二元論，日本人の生命観と儀礼化，シュヴァイツァーやガンディーの思想などである。

　人間の生と死，老いや病の意味など深遠な生命について取り上げながら，生命への畏敬が現代における重要な倫理的課題となっていることに気付かせることや，これまでの生命観や先哲の考えなどを取り上げ，生命尊重の心をもち，人間の尊厳を大切にし，人間の力を超えるものに対する畏敬の念をもつことができるようにしている。さらに，課題追究的な学習や討論を行うことが一層重視されており，社会の一員としての自己の生き方を探求できるようにすることが求められている。

　このように，高等学校においては，より一層，自分自身の在り方や生き方と結び付けながら，生命について考えることになる。特に，科学の発達によって，私たちは，生命に関してこれまでに経験したことのない問題にだれもが遭遇する。そのとき，その問題から逃げることなく，正面から向き合い，他者と協働しながら自分なりの適切な判断をし，よりよく生きていくことのできる力を育てていこうとしていることが分かる。

5. 学校教育における生命尊重の心の育成

　学校教育における生命尊重の心の育成を概括すると，以下のとおりである。
○生命尊重の心の育成は，学年の発達の段階に即して進められている。
○幼稚園では，遊びや生活の中で，動植物とのふれ合いや誕生の喜びなどを経験することで，生命の大切さを実感できるようにしている。
○小学校では，生活の中から「生きていること」を自覚することからスタートし，学年が上がるにつれて，生命の有限性や連続性といった視点で，支え合いや命の重さなど，生命の大切さを自覚できるようにしている。
○中学校では，生命尊重をさらに多様な視点でとらえ，生命の偶然性や有限性，連続性，生命の畏敬の念を自覚できるようにしている。
○高等学校では，小・中学校での学習を基に，生命尊重にかかわる社会問題

や人間としての在り方生き方といった具体的な問題と向き合い，自分なりの判断や自らの生き方を考えることができるようにしている。

> **一緒に考えよう！**
>
> 1. 自分自身が「生命に対する畏敬の念」を感じた経験を出し合いましょう。またそれは，生命尊重をどのような視点から感じたものでしたか？
> 2. それぞれの発達の段階において，子どもたちに「生命の大切さ」の自覚を深めるには，どのような教材や体験活動との出会いが考えられますか？

引用文献

文部科学省（2017）．小学校学習指導要領解説　特別の教科道徳編
文部科学省（2017）．中学校学習指導要領解説　特別の教科道徳編
文部科学省（2009）．高等学校学習指導要領解説　公民編
文部科学省（2014）．私たちの道徳
鷲田清一（監修）（2010）．新倫理　教育出版

第2部 各論

いのちに関する倫理

4　いのちの誕生における倫理的課題

はじめに

　新しい生命（いのち）が誕生するのはとても感動的である。私たちは、新しい「いのち」が誕生した日を、大切な記念日として、家族や大切な人と祝福する。しかし、一つの「いのち」は、卵子と精子が出会い（受精）、子宮の内膜にしっかりと根をおろしたとき（着床）からすでに芽生えている。それから、およそ36～38週の間、「いのち」は母親の子宮の中で大切に守られて、体長約50cm、体重約3kgの「ヒト」へと育まれる。この章では、ヒトの「いのち」誕生までの4つの項目に焦点を当て、倫理的な課題を一緒に考えたいと思う。

 ## 1. 出生前診断

　出生前診断とは、出産前に子どもの状態を調べて、診断することである。母子保健法（昭和40年8月18日法律第141号）によって、妊婦やお腹の中の子どもの健康を維持・増進するために、妊婦健康診査が行われている。広くとらえるとすれば、ここで行われる検査、診断のすべてが出生前診断ということになる。

　日本における、一人の女性が一生のうちに産む子どもの数の平均、すなわち合計特殊出生率が、2014年（平成26年）は1.46であった。一組の夫婦がもつ子どもの数が減ってきており、現在では、一生に何度も経験することのないヒトの「いのち」の誕生は、人生の一大イベントとなっている。かつて、出生前診断が十分でなかった時代の女性は、五感を通じてわが子を思い描いていたの

表 4-1 出生前診断のための主な検査

名称	方法	長所・短所	実施時期
無侵襲的出生前遺伝学的検査（NIPT）	母親の血液中にあるお腹の中の子どものDNAの断片を解析する。	異常ではないことを示す感度が非常に高い非確定検査である。	10〜15週頃
母体血清マーカーテスト・検査	母親の血液中にあるお腹の子どもの状態を示す成分を4種類測定するクアトロテストが主流である。	非確定検査である。	11〜22週頃
羊水穿刺・検査	超音波を用いて安全な位置を確認し，腹部から針を刺して，羊水（お腹の子どもを包んでいる膜の中の液体）を採取し，子どもから剥がれた細胞を調べる。	確定検査であるが，侵襲のある検査である。感染・出血，破水・流産，子宮内でお腹の子どもが死亡することもある。	12週頃〜
絨毛検査	超音波を用いて安全な位置を確認しつつ，膣口から子宮に向けて器具を入れるか，腹部に穿刺した針で，絨毛（妊娠早期にできる胎盤の一部で，絨毯の毛のような形状）を採取する。		9〜14週頃
臍帯穿刺	超音波を用いて安全な位置を確認しつつ，腹部から針を刺し，へその緒から血液を採取する。		17週頃〜

だろうか？　現在では，生まれる前から，子どもの性別だけでなく，身長や体重が，瞬時に，正確にわかるようになった。だからこそ，可能ならばわが子のことをもっと知りたいと願うのは当然のことかもしれない。

　現在行われている出生前診断のための主な検査は表4-1の通りである。2013年4月から，35歳以上の妊婦を対象に認められた新型出生前診断（無侵襲的出生前**遺伝学的検査** Non-invasive Prenatal Genetic Testing: NIPT）が始まり，妊婦の採血のみで診断できるようになった。その他に，超音波検査やX線撮影，CT・MRIなどの画像診断検査や心電図，胎児鏡（小型の内視鏡でお腹の中の子どもを直視する）検査などがある。広義には，着床前診断を含む場合もある。

2. 人工妊娠中絶

　日本では，刑法の堕胎の罪によって，人工妊娠中絶は処罰される。しかし，

母体保護法（昭和23年7月13日法律第156号）第1章第2条によると，人工妊娠中絶とは，胎児が，母体外において，生命を保続することのできない時期に，人工的に，胎児およびその附属物を母体外に排出することをいい，胎児が生命を保続することができない時期である妊娠22週未満であれば，母体保護法第3章第14条によって，以下のいずれかに該当する者に対しては，人工妊娠中絶を行うことができることになっている。

一．妊娠の継続又は分娩が身体的又は経済的理由により母体の健康を著しく害するおそれのあるもの

二．暴行若しくは脅迫によって又は抵抗若しくは拒絶することができない間に姦淫されて妊娠したもの

つまり，母体を離れても生命を保続することのできる時期である妊娠22週以降についてはどんな理由でさえも容認されていない。また，妊娠22週未満であっても母親の健康を守るという理由以外は容認されていない。しかし，実際には，お腹の子どもの側の要因であっても，そのことが母親の身体に悪影響を与えるという理由によって，人工妊娠中絶が行われているのが現状である。

2014年（平成26年）の日本における出生数は100万3,539人であるのに対して，人工妊娠中絶の実施数は18万1,905件と，年々減少傾向ではあるが，6.5人に1人が中絶されていることになる。また，あくまでも，この数字は届出件数であり，実数はさらに多いことも推測される。新型出生前診断が母親の採血の

表4-2 人工妊娠中絶によって起こる可能性のある悪影響

	直接的なもの	間接的なもの
身体面	子宮損傷（子宮裂傷・穿孔・破裂） 内容物の遺残・後出血 感染症（子宮・骨盤内感染，敗血症） 子宮腔内・付属器周辺癒着，卵管閉塞 麻酔による副作用・アレルギー 貧血	不妊症 子宮外妊娠，流・早産 （子宮）頸管無力症 癒着胎盤 月経異常（月経不順・無月経） 月経困難症
心理面	不安・抑うつ 後悔・罪悪感 葛藤・ストレス 自己批判 感情失禁	心身症・うつ病・精神病 心的外傷後ストレス障害（PTSD） パートナーとの不和 男性不信・性交拒否 家族の不和

みで診断できるようになり、その後の確定診断でお腹の子どもの異常が確定された場合は、人工妊娠中絶を選択する場合が多く、議論を呼んでいる。

人工妊娠中絶によって起こる可能性のある悪影響は表4-2の通りである。

3. 体外受精

　不妊治療における画期的な技術である人工授精によって、1785年スコットランドにて初めて子どもが誕生した。**人工授精**は、男性の精液を女性の膣や子宮内に注入し、自然な受精を待つ方法であるが、この方法では、妊娠する可能性は高くない。そこで、排卵誘発剤を行って多くの卵子を育て、排卵直前の発育した卵子を細い針で採取し、体外で受精させる方法が研究された。これを「体外受精（in vitro fertilization: IVF）」といい、体外で受精卵を発育させたのちに子宮内に戻す。これにより、妊娠を成立させる可能性は高まることになった。最初の「体外受精」実施の報告は1944年で、1978年にはイギリスで、1983年には日本で初めて体外受精児が誕生した。体外受精で生まれた子どもは試験管を使って受精させたことから「試験管ベビー」と呼ばれた。

　一般的に、ヒトは年齢とともに卵子の質が低下し妊娠しにくくなる。それは、ヒトは生まれる前、つまり、母親のお腹の中にいるときに卵子がすべて作られているからである。ゆえに、母親のお腹の中にいるときは500万～700万個存在する卵子が、生まれるときにはすでに100万～200万個になっており、年齢とともに少なく、古くなっていく卵子の生殖能力は、20代後半頃から下降し始め、35歳を過ぎると急速に下降する。35歳以上の高齢出産は、流産や早産、さまざまな合併症も増加するため、ますます出産に至る割合が減少してしまうことになる。

　2015年（平成27年）、公益社団法人日本産科婦人科学会では、「生殖年齢の男女が妊娠を希望し、ある一定期間、避妊することなく通常の性交を継続的に行っているにもかかわらず、妊娠の成立をみない場合を**不妊**という。その一定期間については1年というのが一般的である。なお、妊娠のために医学的介入が必要な場合は期間を問わない」（日本産科婦人科学会ウェブサイト）として、不妊期間を、従来の2年から1年に変更した。不妊症の夫婦にとって、「体外

受精」は，夫婦の子どもを授かることへの期待を大きく広げているのである。そして，このような，体外で，卵子や精子，受精卵の操作を必要とする，専門的で，かつ，特殊な生殖医療の総称を，**生殖補助医療**（assisted reproductive technology: ART）と呼んでいる。しかし，ARTには，**卵巣過剰刺激症候群**（overian hyperstimulation syndrome: OHSS）が発生する問題がある。OHSSとは，体外受精で通常行われる排卵誘発剤の投与により，卵子を含んでいる細胞（卵胞）が過剰に発育や排卵することで，卵巣が大きく腫れ，卵巣からの毛細血管透過性亢進によって血液中の水分が胸部・腹腔内へ漏出・貯留して，循環血液量の減少や血液濃縮などを引き起こす多彩な症状を呈する症候群である。主な症状は，腹部膨満・緊満感，腹部圧迫・不快感，腹痛，下痢・便秘，悪心・嘔吐，胃痛，過食，体重増加，胸痛，呼吸困難，心悸亢進，口渇，倦怠感，脱力感，疲労感，しびれ感，めまい，目のちらつき，頭痛，発疹，顔面紅潮，尿量減少，イライラ，情緒不安，興奮，不眠など，さまざまである。また，重度の場合は，大きく腫れた卵巣がねじれて急性腹症をきたす場合や，血栓症・塞栓症，急性肝不全，急性腎不全など，重度の障害や死亡する場合もある。その他にも，体外受精によって，採卵に伴う麻酔の合併症や臓器の損傷・感染症，ふたごや三つ子などの多胎妊娠や子宮外妊娠の恐れもある。さらには，受精卵の取り違えや取り扱い，半永久的な凍結保存が可能になったことによる問題がある。また，治療に伴う費用は高額であり，助成金制度が開始されているが，所得制限・年齢制限があり，費用が全額助成されない場合もあるなど，さまざまな課題が浮かび上がっている。

4. 代理母

　夫婦の依頼によって，他人の女性，いわゆる，代理になるヒトが妊娠・出産することを，**代理懐胎**・代理出産，あるいは，代理母出産という。また，代理懐胎・出産する女性を，「代理母」「借り腹」と2種類に呼び分けていたが，最近は，合わせて「代理母」と呼ばれることがある。これには，表4-3のような5つのケースが考えられる。

　日本では，第三者からの卵子提供や代理懐胎は禁止されており，この方針は

表 4-3 代理懐胎（代理母）の分類

名称	受精方法	卵子 (提供者)	精子 (提供者)	妊娠・出産する人
サロゲート・マザー (従来の代理母)	子宮内注入	妻以外のもの (他人)	夫 (本人)	卵子提供者 (他人)
ホスト・マザー (従来の借り腹)	体外受精	妻 (本人)	夫 (本人)	妻以外の人 (他人)
	体外受精	妻 (本人)	夫以外のもの (他人)	妻以外の人 (他人)
	体外受精	妻以外のもの (他人)	夫 (本人)	妻および卵子提供者以外の人 (他人)
	体外受精	妻以外のもの (他人)	夫以外のもの (他人)	妻および卵子提供者以外の人 (他人)

現在に至っても変わっていない。しかし，規制のない海外に渡航して行うケースや，日本でも法的な規制はないことから，医師によって行われるケースが報道されるなど，問題が指摘されている。日本では，産んだ女性が子どもの母親であり，代理母を依頼した夫婦の実子とはならないことや，代理懐胎実施による家族・血縁関係の複雑さ，子どもの福祉の問題，また，代理母の契約上や金銭的な問題，依頼した夫婦と依頼された夫婦の精神的葛藤など，さまざまな課題を抱えている。さらに，契約後に子どもに異常があった場合はどうなるのか？　依頼夫婦が離婚や死亡した場合はどうなるのか？　依頼夫婦が引き取り拒否や代理母が引き渡し拒否した場合はどうなるのか？　こうした様々な問題も浮かび上がっている。

おわりに

　技術の進歩により，人が手を加えたことのなかった生命（いのち）の領域にも手を加えられるようになった。すべての「いのち」が望まれて，祝福されて，生まれてくることができたらどんなに素晴らしいであろう。しかし，何もかも自分の思い通りに子どもを得ることはできない。だからこそ，さまざまな重圧に押しつぶされずに，親として恥じぬような選択ができる人にならなくてはい

けないのではないかと思う。

> **一緒に考えよう！**
> 1. 技術の発展で，早期に子どもの異常がわかるようになってきています。このことについて，どのように考えますか？
> 2. 子どもに障がいがあることが，産まないという選択に結びついています。このことについてどのように考えますか？
> 3. 母体の外で「いのち」を作り出す体外受精について，どのように考えますか？

引用文献

日本産科婦人科学会HP　http://www.jsog.or.jp/news/html/announce_20150902.html

参考文献

荒木重雄・福田貴美子（2006）．体外受精ガイダンス第2版　医学書院
安藤弘子・塚原正人・溝口満子（2014）．遺伝看護　医歯薬出版
石原　理（2016）．生殖医療の衝撃　講談社
池ノ上克・前原澄子（2013）．みえる生命誕生―受胎・妊娠・出産　南江堂
厚生労働統計協会（2016）．国民衛生の動向　厚生の指標 増刊第63巻第9号
小笠原信之（2005）．どう考える？生殖医療　緑風出版
甲斐克則（2010）．レクチャー生命倫理と法　法律文化社
ニュートンプレス（2014）．受精卵から幼児にいたる劇的変化　卵子の老化現象・出生診断・予防注射　ニュートン別冊　赤ちゃん学
川島ひろ子（1991）．生命の誕生までに―親になるための科学知識　裳華房
神崎秀陽・玉置知子（2000）．周産期遺伝相談　医学書院
日本産科婦人科学会（2013）．産科婦人科用語集・用語解説集 改定第3版
塩野　寛・清水惠子（2010）．生命倫理への招待 改訂4阪　南山堂
鈴木秋悦・久保春海（2010）．不妊ケアABC　医歯薬出版
荘村明彦（2017）．医療六法 平成29年版　中央法規出版
高橋真理・村本淳子（2002）．女性のライフサイクルとナーシング　ヌーヴェルヒロカワ
武谷雄二（2000）．新女性医学体系 28―遺伝の基礎と臨床　中山書店
根津八紘・沢見涼子（2009）．母と娘の代理出産　はる書房
福島義光（2013）．遺伝医学やさしい系統講義18講　メディカルサイエンス・インターナ

ショナル

不妊治療情報センター（2017）.全国体外受精実施施設完全ガイドブック 2017　丸善出版

馬場一憲（2013）.目で見る妊娠と出産　文光堂

室月　淳・原田　文・Kypros Nicolaides（2014）.妊娠初期超音波と新出生前診断　メジカルビュー社

松岡　隆・和泉美希子・佐藤陽子・宮田　郁・高橋雄一郎・西畑　信・金子美紀（2016）.特集 妊婦とともに向き合う出生前診断　ペリネイタルケア 9 月号　pp. 17-23, 25-32, 41-66.　メディカ出版

森　恵美（2016）.系統看護学講座 専門分野Ⅱ 母性看護学 1 第 13 版　医学書院

森　恵美・堤　治・坂上明子（2016）.第 2 章 出生前からのリプロダクティブヘルスケア　森　恵美　系統看護学講座 専門分野Ⅱ 母性看護学 2 第 13 版　医学書院　pp. 12-56.

遺伝子操作に関する倫理

1. 遺伝子操作の倫理的問題の概要

　一般的に生物の遺伝情報は，DNA に書きこまれている。生物固有の遺伝情報は，4種類の塩基の並び順（塩基配列）で決められ，子孫に受け継がれる。分子生物学の飛躍的な進歩により，DNA をつくること，DNA を切ること，DNA を連結することができるようになった。病気の診断・治療や，農畜産物の品種改良など医学や産業の発展に役立つ一方で，同じ遺伝情報をもつ複製をつくることや，異なる生物間の遺伝情報を部分的に交換して自然界には存在しない遺伝情報をもつ生物を新たに生み出すことができる遺伝子操作は，極めて難しい倫理的な問題を提起する。さらに遺伝情報は本人だけでなくその家族，先祖・子孫に関係する個人情報であり，その取扱いについて倫理的配慮が必要である。

2. 同じ遺伝情報をもつ個体や臓器・組織をつくるクローン技術

　クローンとは同一の起源を持ち，尚かつ均一な遺伝情報をもつ核酸，細胞，個体の集団を示す。ギリシャ語の「小枝，芽，発芽」に由来するクローンの語源から連想されるように，植物では接ぎ木や挿し木により分化した組織から同じ遺伝情報をもつ新しい個体クローンが自然に生じる。一方，動物では，体細胞の DNA を，核を除いた卵子に移植し培養する操作（クローン胚の作成）によってクローンをつくり出すことができる（図 5-1）。クローン技術には，クローン胚を子宮に戻して，同じ遺伝情報をもつ個体（クローン動物）を生み出す生殖型クローニングと，クローン胚から**胚性幹細胞（ES 細胞）**を調製して，**幹**

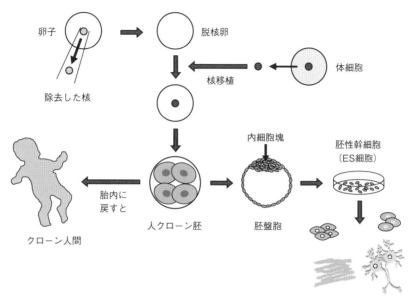

図 5-1 クローン技術

細胞を分化させて病気の治療に利用する治療型クローニングの2つがある。クローン技術をヒトに適用した場合，クローン人間からは，体を構成するすべての臓器を得ることができ，治療型クローニングでは，ES 細胞を分化させてつくった組織を治療に用いることができるため，再生医療（事故や疾病によって機能を失った組織や臓器を幹細胞から分化させた組織を使って再生する医療）に有用である。クローン技術でつくられた臓器や組織は，DNA を提供した個体と同じ遺伝情報をもつ臓器や組織であるため，拒絶反応という臓器移植の大きな問題を回避して移植ができる。病気の治療やそれ以外の目的で有用な技術であるが，個人の幸福につながるのであれば，クローン人間や人クローン胚などをつくってよいのであろうか。倫理的に問題があるとすれば，どのようなことが問題になるのであろうか。

(1) 人の尊厳の侵害と人間の手段化・道具化

患者の DNA からつくり出されたクローン人間は，拒絶反応をおこさない理想的な臓器の提供源になりうる。ごくわずかな DNA を使ってつくり出された

クローン人間は，DNA を提供した人の所有物として利用することができるのだろうか。子どもやパートナーが不慮の事故や病気で失われた場合に，残された人の喪失感を埋めるために，死者の DNA を使ってクローン人間をつくり出してもよいのであろうか。目的の如何によらず，クローン人間をつくり出すことは法律等により禁止されている。クローン人間の誕生は，私の存在が交換不可能な唯一の存在である（自分が自分であること）という独自性を失わせ，人間を特定の目的達成のための手段・道具とみなすこと（人間の手段化・道具化）につながる。

(2) 自然な生殖現象からの逸脱

体細胞核移植によりクローン人間をつくり出すことは，有性生殖で子孫を残し，子どもは両親の特徴を受け継ぐという自然な生殖現象に反した行為である。有性生殖では，配偶子（精子や卵子）をつくる減数分裂や精子と卵子が結合する受精により，遺伝的多様性が生み出される。そのため，同じ両親から生まれた子どもは互いに似ているが，一卵性双胎を除いて，少しずつ異なる遺伝情報をもつ。仮に親の DNA を使って人クローン胚をつくり，それを娘の子宮に戻してクローン人間を誕生させた場合，親にそっくりなクローン人間は娘にとってどのような位置づけになるのであろうか。あるいは同性のカップルが，カップル以外の他人の遺伝情報をもつ子どもを望まないという理由で，どちらかの体細胞の DNA を使って子どもをつくることは容認されることだろうか。クローン人間の誕生は，親子関係等の家族秩序に混乱をもたらすと思われる。

(3) 安全性の問題

ヒツジ，マウス，ウシ，ヤギ，ブタ，ネコなどさまざまな**クローン動物**がつくられている。しかし，クローン動物の産生には，成功率の低さ，胎児の欠陥（巨大胎児症候群や死産），クローン動物の短命さなど，その安全性に多くの問題がある。ヒトにクローン技術を適用した場合の安全性は確認されていない。

(4) ヒト胚の破壊

治療型クローニングでは，人クローン胚から ES 細胞を調製して，ES 細胞を

分化させて病気の治療に利用する。ES 細胞の調製には，子宮に戻したら将来1人の人間として出生する可能性のある胚を破壊する行為が伴う。胚の破壊を前提とした胚の作成・使用にどのような倫理的な問題があるか考えてみよう。

　胚を破壊する行為に対する考え方や評価は，ヒト胚の存在自体が人間と同じ存在か否かにより大きく異なる。胚の存在意義（道徳的地位）については，さまざまな意見があり，定まった見解はない。ローマ・カソリック教会や生命の尊重派は，受精した瞬間から人であり，胚は成長した人間と同等の道徳的地位をもつと主張する。その一方で，ヒトの皮膚の細胞や血液の細胞に人間の尊厳を認めないように，胚は単なる細胞の塊であるので，人間と同等の道徳的地位はないとする考えもある。また，漸進主義的な考えでは，胚や胎児は人の生命の萌芽であり，人としての個別の存在からかけ離れているものの，胚や胎児は人間としての性質を徐々に発達させていくことで道徳的重要性を増していく存在とされる。それゆえに胚・胎児の生命に対しての尊敬は常に払わなければならないが，新生児に対して与えられるような完全な保護は提供される必要はないと考える。ヒト胚を人間と同じように保護されるべき存在とするのであれば，胚を破壊する行為は殺人に相当し，胚を作成し使用する研究は人間の手段化・道具化を禁止する原理に抵触する。

(5) 各国での規制状況

　クローン技術や胚の作成・使用について各国の対応はさまざまである。遺伝医療の先進国である英国では，「ヒト受精・胚研究法」，「ヒト生殖クローニング法」を制定し，法律によってクローン人間の産生（生殖型クローニング）を禁止している。ヒト胚作成，ヒトクローン胚作成・使用については，目的を限定した許可制のもとで認めている。フランスでは，「生命倫理法」が制定され，治療型クローニングを含めたあらゆるクローニングが禁止されている。ドイツでは，「胚保護法」が制定され，あらゆるクローニングと胚操作が禁止されている。米国では，クローン技術を規制する連邦法はない。大統領令，大統領方針，一部の州では州法によって規制をしている。日本では，法律と指針で規制している。「ヒトに関するクローン技術等の規制に関する法律」（クローン技術規制法）によりクローン人間の産生は禁止され，クローン技術規制法に基づく

指針「特定胚研究に関する指針」により人クローン胚等の作成や使用が規制されている。

3. 体の設計図を書き換える遺伝子操作

組換え DNA 技術や近年開発された**ゲノム編集**は，生命が誕生したときにすでに定められ，生物自身が選択することができない体の設計図を書き換えることができる遺伝子操作である。人為的に体細胞や生殖細胞のゲノムや遺伝子を設計しなおすことに，どのような倫理的問題があるのか考えてみよう。

(1) 遺伝子治療

遺伝子が関わっている病気で，他に有効な治療法がなく，病気の原因になっている遺伝子のはたらきを変えることによって治療できる場合には，遺伝子治療が行われることがある。具体的には，病気の原因になっている変異・欠損している遺伝子を補うために，正常な遺伝子を人の体内に直接投与，あるいは正常な遺伝子を導入した細胞を人の体内に投与する。これまでに行われている遺伝子治療のほとんどは，組換え DNA 技術でつくった遺伝子を人の体内で発現させるもので，投与された人の体の設計図を書き換える（改変する）ものではない。日本では，「遺伝子治療等臨床研究に関する指針」で，遺伝子治療等臨床研究の対象の要件や使用される遺伝子の品質，有効性及び安全性について厳しく規制されている。また，遺伝情報が子孫に受け継がれる生殖細胞等の遺伝的改変を禁止している。

これまでの遺伝子治療とは異なり，ゲノム編集は体の設計図を精緻に改変する。病気の原因である遺伝子の異常を正常な情報に書き換える，つまりゲノムそのものを手術する技術である。胚をつくらずに幹細胞を得ることができるヒト**人工多能性幹細胞**（**iPS 細胞**, induced pluripotent stem cells）とゲノム編集を組み合わせた研究などが精力的に進められており，医療分野におけるその恩恵は計り知れない。設計図の書き換えは体細胞にとどまらず，子孫に受け継がれる生殖細胞や受精卵にまで及んでいる。遺伝子治療で禁止されている生殖細胞等の遺伝的改変について十分な議論や規制がなされる前に，ゲノム編集を利

用して生殖細胞や受精卵の設計図を書き換えた研究が次々と報告されている。このような状況を受けて，ヒトゲノム編集国際サミットが開催されて，ヒト胚や生殖細胞系列へのゲノム編集を伴う基礎研究は適切な法的，倫理的なルールと監視のもとで，研究がなされるべきであることなどの声明が出された。さらに米国科学アカデミーと米国医学アカデミーは，遺伝性疾患で他に代替治療がないなどいくつかの基準を満たした場合に限り，適切な規制と厳しい監視のもと，将来的にはゲノム編集をヒト受精卵へ利用することを容認すると報告した。日本では，内閣府の総合科学技術・イノベーション会議の生命倫理専門調査会が，ゲノム編集技術を用いるヒト受精胚の臨床利用については現時点では容認できないとの立場を示し，その一方で「胚の初期発生や発育（分化）における遺伝子の機能解明」に係る基礎研究において，容認される場合があるとしている。

(2) 遺伝子操作によるエンハンスメント

エンハンスメントとは，健康の維持や回復に必要とされる以上に，人間の形態や機能を改善することを目指した介入のことである。スポーツ選手のドーピングは薬物を利用したエンハンスメントとして知られているが，遺伝子操作によって筋肉を人並み以上に増加させる，ある特定の神経伝達物質や薬物に対する受容体の感受性を増強してより優れた神経系のネットワークを構築するなど，エンハンスメント目的で遺伝子操作を利用することも技術的には可能である。また，親が自分たちの望む特徴をもった子どもを得るために子どもの遺伝子を設計しなおすことも技術的には可能である。

サンデル（Sandel, 2007）は，生の被贈与性（生は贈られものである）という概念を提唱して遺伝子エンハンスメントを批判している。遺伝子エンハンスメントは，人間本性も含めた自然をつくりなおし，私たちの用途に役立て，私たちの欲求を満たそうとする現れであり，生の被贈与性の感覚を失わせ，被贈与性の倫理を破壊すると主張する。さらに，親が子どもの遺伝子を設計しなおすことの問題については，子どもの存在自体が尊重されず，親の所有物へ変えられ，子供の自律が損なわれることや，無条件の愛により行われるはずの子育てを堕落させると指摘する。ヒトゲノムには遺伝子多型とよばれる他人とはわず

かに異なる部分が多数みられ，これらの違いはゲノムにおける個人の特徴（個性）と捉えることができる。贈られものとして生を受け止め，生命が誕生したときにすでに定められ，生物自身が選択することができない遺伝情報を尊重してはどうだろうか。病気の治療，エンハンスメント，デザイナーズ・ベビーの誕生など，遺伝子操作は多岐にわたる目的に利用可能な技術であるが，子孫に受け継がれる生殖細胞系列のDNAの改変は，長期的にはヒトという種の改変や進化への介入につながる危険性を孕んでいる。

(3) 遺伝子組換え生物の環境への影響

組換えDNA技術は，異なる生物由来のDNAをつなぎ合わせて，自然界に存在しない新しい機能をもった遺伝子組換え生物をつくり出す。組換えDNA技術が開発された1970年代当初は，組換えDNAがヒトにがんを発生させるのではないか，新たな病原性をもつ生物ができるのではないか，という有害な生物による災害（バイオハザード）が懸念された。1980年代以降，生物の生育環境の悪化及び生態系の破壊が進み，バイオテクノロジーにより改変された遺伝子組換え生物がもともと自然界に存在している生物を駆逐するなど，生態系に及ぼす悪影響が懸念された。国際的な動きとして，遺伝子組換え生物による潜在的なバイオハザードや生物の生育環境の悪化及び生態系の破壊を防止するため，「生物の多様性に関する条約」（生物多様性条約），その措置を規定した「生物の多様性に関する条約のバイオセーフティーに関するカルタヘナ議定書」（通称，カルタヘナ議定書）が採択された。カルタヘナ議定書を締結した日本は，「遺伝子組換え生物等の使用の規制による生物の多様性の確保に関する法律」（通称，カルタヘナ法）を制定し，遺伝子組換え生物の使用や生態系への遺伝子汚染を規制している。ゲノム編集を利用してつくられた生物については評価が定まっておらず，どのように扱うべきか議論されている。

4. 遺伝情報の取扱い

2003年にヒトのゲノム情報が解読され，また遺伝子解析技術の飛躍的な向上により，ゲノム・遺伝子について大量の情報を得ることができるようになっ

た。これらの遺伝情報は，多くの病気にかかわる遺伝子の解明や，遺伝子が関与する病気の診断や治療・予防の進展のみならず，個々人のゲノムに存在するわずかな違い（個性）を明らかにし，個人の特定を可能にした。遺伝情報は，適切に保護されなければならない個人情報であることに加えて，個人だけでなくその家族，先祖・子孫が共有している情報でもある。それゆえに，遺伝情報の取扱いには難しい問題がある。例えば，家族のうち一人がゲノムや遺伝子を調べた結果，家族全員に関係する情報が見つかったとき，家族にもその情報を伝えるべきか。本人が調べたい遺伝子以外に予期しない情報を得て，予期しない情報が治療法のない深刻な病気などに関する情報であった場合，本人や家族にその情報を伝えるべきか。また，遺伝子を解析して遺伝情報にアクセスできる者が解析を受けた個人に伝える情報の内容を決める（選択する）ことは，解析を受けた個人の知る権利や知らない権利の選択を侵害しているのではないか，などのさまざまな問題がある。さらに遺伝情報は，就学，雇用，結婚，保険加入など医療以外の目的で用いられる危険性があり，遺伝情報に基づく差別が懸念されている。遺伝情報については適切かつ慎重な取扱いが求められる。

一緒に考えよう！

1. クローン人間をつくり出すことについて，どのように考えますか？
2. 人間の形態や機能を必要以上に改善することができる遺伝子エンハンスメントについて，どのように考えますか？
3. 遺伝子操作によって，子孫に受け継がれる生殖細胞や受精卵の設計図を書き換えることに，どのような倫理的問題があると考えますか？
4. ヒト胚の存在意義（道徳的地位）について，どのように考えますか？
5. あなたの家族のひとりに遺伝性疾患があることが見つかりました。あなたはどのような対応をしますか？

引用文献

Sandel, M. J. (2007). *The case against perfection: Ethics in the age of genetic engineering.* Harvard University Press.(林　芳紀・伊吹友秀（訳）(2010).完全な人間を目指さなくてもよい理由──遺伝子操作とエンハンスメントの倫理　ナカニシヤ出版)

参考文献

Campbell, A. V. (2013). *Bioethics: The Basics.* Oxford: Routledge.(山本圭一郎・中澤栄輔・瀧本禎之・赤林　朗（訳）(2016).生命倫理学とは何か──入門から最先端へ　勁草書房)

甲斐克則 (2010). レクチャー生命倫理と法　法律文化社

上村芳郎 (2003). クローン人間の倫理　みすず書房

医療に関する生命倫理

6 インフォームドコンセント

1. インフォームドコンセントとは

インフォームドコンセント（informed consent: IC）とは，直訳すると説明（inform）と同意（consent）となるが，特に，医学的処置や治療に先立って，それを承諾し選択するのに必要な情報を医師から受ける権利を意味する。また，医療における人権尊重上重要な概念（広辞苑）とされている。

さらに医学界一般的には，ICとは医療従事者と治験対象者（患者や被験者）の関係を規定した概念で，医療現場において，患者が治療内容などについて十分に説明を受けた後で，患者が行う方針への承諾・合意をいう（図6-1）。具体的には医療従事者から投薬や手術などの治療方針や，研究内容などの説明を十分に受け，治験対象者が納得できる医療内容を医療従事者と治験対象者がともに形作っていこうとするものであり，もともとは医療を行う場合の医師側から守るべき法律的事項として生じたものであったが，医師と患者間の倫理的事項と考えられるようになった。これによって，医療を道義的に円滑に行うことができるわけである。ICの概念が浸透しているといわれるアメリカでは，新たに**インフォームドチョイス**（informed choice：説明を受けたあとの治療法の選

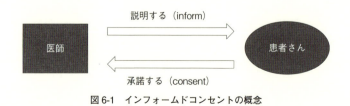

図6-1　インフォームドコンセントの概念

図 6-2　インフォームドコンセント本来の概念

択）という考え方がいわれるようになってきている（医学大辞典）。

　インフォームドコンセントの定義は上述のようになる。しかし，英語の本来の意味としては前述の通り，「説明と同意」という意味なので，あらゆる法的契約に適応されうる概念である（図 6-2）にもかかわらず，日本ではもっぱら医療の世界で使用されている。これは欧米人の個人主義的考え方，合理主義的な考え方，さらに宗教観などにより契約に関する意識が日本人に低く，欧米と同じようなインフォームドコンセントの考え方をそのまま受け入れるのは不向きといわれているからであろう。そこで，医療界に限り，「医療界にはこのような方法で IC を使用しましょう！」といった導入方法が向いていたのかもしれない。

2. インフォームドコンセントの歴史

　日本では 1965 年に唄孝一がドイツの説明原則を紹介したのが初めてだといわれている。そもそも，インフォームドコンセントという単語は 1950 年代に医療関係者や法律学者などが使用したもので，欧米では 1970 年代，日本では 1980 年代からである。

　それまでの考え方は，「医療人は患者に誠心誠意尽くしましょう」「患者を自分の親族のように診ましょう」といったもので，これらの考えに基づく治療方針を医師が決定し，その治療方針に患者は従うのが普通であった。治療対象者に治療方針を説明し，同意を得るという考えはなかったのである。

　それが，第 2 次世界大戦における人体実験により多くの犠牲者が出たことへの反省から 1947 年に「ニュルンベルク綱領」（資料 4）が定められた。これは 10 項目からなり，臨床研究を行う際に遵守すべき事項が定められている。こ

れにより，初めて人体実験に対して被験者の同意が必要となったのである。しかし，この時点では人体実験に関してのみの記載であり，治療に関しての記載はない。続いて，1964年には世界医師会が「ヘルシンキ宣言」（資料5）を発表し，いかなる研究に対しても，対象となる者全員に対して，説明と同意，また拒否をする自由があることを定めた。これが，治療を含む臨床研究に関するICの流れを作ったといえる。

日本では1980年代にアメリカ大統領委員会が生命倫理に関する報告書を出したことを受け，患者の幸せ・QOLというキーワードとともに広まっていった。

3. インフォームドコンセントが必要なとき

前述の通り，近年，インフォームドコンセントとは医療現場のみならず，あらゆる法的契約の際に義務付けられている。たとえば，賃貸契約や雇用契約である。生命倫理を学ぶ学生には下宿をしている者やアルバイトをしている学生もいるだろう。この下宿先を決めた際やアルバイト採用の際，契約当事者には説明の義務があるので必ず賃料などの説明を受けたはずである。しかし，その説明は形式ばったもので，難しい専門用語を並べられるとうんざりするのも事実であり，日本人にはまだまだ馴染まない行為といえる。

保険契約・携帯電話契約・PCへのアプリケーションソフトインストール・ホームページの閲覧やシステムへの入会など，日常には金銭の多少，期間の長短はさまざまであろうが，法的契約が多く存在する。これらの契約は，当事者全員に関わる問題である。説明者は説明の義務があり，相手は説明を聞く権利を有する。また，「説明をした」「説明を聞き承諾した」という証拠に双方のサインを求められる場合も多い。

上記のときに，あなたはしっかり説明を聞き，理解し，自分の意思で契約内容に合意し，サインを自署したであろうか？

4. 医療現場における説明の義務について

　説明の義務とは，契約や法令に基づき，契約当事者の一方から相手に対して説明をする義務のことをいい，医療従事者は，治療対象者に対して治療方針などを説明すべき義務を負う。

　法的契約ではこの説明義務に違反があった場合には，契約の無効・取消原因となる場合や，自己決定権が侵害されたことに対する慰謝料や説明義務違反によって生じた損害の賠償責任の根拠になる場合もある。

　医療事故の場合には，医師がどの範囲で患者に対して説明義務を負うかについては患者の疾病の程度や状態，今後行う治療方法等によって異なるが，具体的な治療を行う場合の治療方針とそのリスクの説明をすることは当然のことである。もっとも，医師が，その他の先駆的な治療法等に関する説明義務を負うかについては微妙な場合も多い。

　また，説明義務違反はあるが医師が医療水準に従った治療を行っていた場合には，その治療行為そのものについては過失がないということになるが，説明義務が果たされていなかった場合や，患者がそのような治療を選択しなかったと認められる場合には，治療によって生じた損害すべてを賠償しなければならない場合もあり得る。

5. インフォームドコンセントが難しいケース

　以下の場合はICが適応されない。
　①未成年者
　未婚の未成年者の場合，ICは保護者または保護者に相当する代理人に行うことになる。
　②意思疎通困難者
　本人にはICが困難なので家族などの代理人に対して行うことになる。
　③救急患者
　患者の身体や生命に重大な危機が迫っている場合はICを行うことが困難なので，何らかの意思表示がある場合を除き，事後承諾を得ることになる。

④情報の開示が明らかに患者の意思決定の妨げになる場合や，本人が情報の開示や同意を放棄している場合

最低限の説明の義務を怠らず，放棄の意思をいつでも撤回できるように配慮が必要。

⑤その他

宗教上の問題など，何らかの意思表示，または権利の放棄意思がある場合も説明の義務を怠らないようにする配慮が必要である。

6. インフォームドコンセントの臨床応用

ICは医師に限らず看護分野，リハビリテーション分野においても必要であるとともに，ICは診療報酬に直結する。たとえば，2012年の診療報酬改定によりリハビリテーション総合計画評価料は300点になっている。これは，この治療計画はこのような理由によるものです……同意していただける場合は自署サインでお願いします……といったものであり，実施することで診療報酬を得ることになる。このリハビリテーション総合計画評価料を算定せずとも理学療法などのリハビリテーションを実施することは可能であるが，ICを含むこの評価に診療報酬を算定してくれているものである。

前述のとおり，ICや契約など日本人には馴染まないことかもしれないが，診療報酬があるので実施するというのはいささか残念である。臨床心理の分野では，治療者と対象者のゴール設定の統一による治療効果の向上が報告されている。逆に治療者と対象者が違ったゴールを思い描いていると治療効果が上がらない（図6-3）。

治療者が車椅子での退院を考えており，対象者は独歩での退院を考えていた場合を考えてみたい。治療者はどの時期までに車椅子移動のリハビリテーションを進め，どの時期で退院ができるかを考えるであろう。しかし，その情報が対象者に伝わらなければ，対象者はなぜ自分は車椅子の練習ばかりさせられるのであろうか？　いつになったら歩く練習が始まるのだろうか？　このままで退院できるのであろうか？　など，不安が不満となっていく。このような状態で治療が順調に進行していくとは考えにくい。

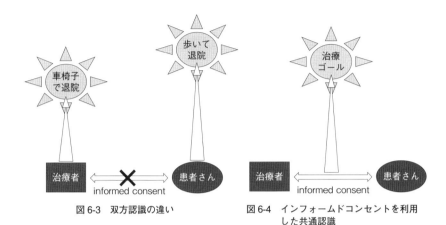

図6-3 双方認識の違い　　図6-4 インフォームドコンセントを利用した共通認識

　「こういう理由で，このような治療を行うことで，この時期には，このような状態になっているでしょう」という説明（inform）を行い，対象者は納得いくまで質問をし，治療法などの選択をする。その過程を経て，対象者が承諾（consent）することで両者に良好な人間関係を築くことができ，共通認識で治療に臨むことで治療効果を上げることができる（図6-4）。

　このように，「義務だから」「診療報酬のために」ではなく，対象者との良好な人間関係の構築，または治療効果の向上のためにICという行為を逆に利用したいものである。

> **一緒に考えよう！**
> 1. 日本において，インフォームドコンセント（IC）の概念を，法的契約を含むあらゆる事柄で浸透させるにはどうすればよいと思いますか？
> 2. ICが難しいケースが重複した場合は，どのように実施するとよいと思いますか？
> 3. インフォームドコンセントからインフォームドチョイスという考え方が言われるようになりました。今後，ICはどのように変化していくと思いますか？

引用文献

新村　出（編）(2008). 広辞苑　第六版　岩波書店
南山堂 (2006). 医学大辞典　第19版　南山堂
尾藤誠司（著）福原俊一（監修）(2008). いざ, 倫理審査委員会へ　NPO法人健康医療評価研究機構
塩野　寛・清水恵子 (2010). 生命倫理への招待　改訂4版　南山堂

7 医療行為と倫理

　アメリカの二人の倫理学者ビーチャムとチルドレス（Beauchamp & Childress, 2001）は，医学・医療に関連する生命倫理の4原則として，①自律尊重，②善行（仁恵），③無危害，④正義・公正をあげている（表7-1）。これら①〜③までの項目は，いうまでもなく医療に関わる場合に自己決定を尊重し，患者の利益や幸福に資するように行動し，危害を与えてはならない，ということを意味している。ただし，現代の高度に進歩した医療技術においては，手術を例にとってもわかるように，まったく安全で危害を一切加えない医療行為というものはないであろう。したがって，無危害という項目は，医療行為のリスクとベネフィットを十分考慮し，できるだけ危害を予防し，よりよい状態で医療を行う（二重結果規則，相応性原則），と解釈すべきである。
　ここにあげた①〜③の項目は，個人に焦点を合わせた倫理観である。一方，④の項目は社会的な正義や公正を意味しているものであって，限りある医療資源や医療費を社会的にみてできるだけ公正に配分することを求めている。限り

表7-1　ビーチャムとチルドレスによる生命倫理の4原則

	原則	意味	関連する生命倫理事項
①	自律尊重	その人が自己の価値観や信念に基づいて，選択する権利や行為する権利を認めること。	インフォームドコンセント，情報開示
②	善行（仁恵）	人々の幸福に貢献し，利益をもたらすように行動すること。	パターナリズム
③	無危害	害悪や危害を加えてはならない。	治療の差し控え
④	正義・公正	公正で公平で適切な分配をしなければならない。	資源の配分

ある医療資源をどのように（いや，誰に）配分するのか，その最も古典的な事例は透析機器が開発された当時の「神の委員会」[1]のエピソードにみてとれる。

臨床倫理の4原則は時として，前者の個人的な原則と後者の社会的な価値観とが対峙する。本章では，その典型事例として，救急医療と感染症を取り上げて解説する。

1. 救急医療

大災害や大規模事故では医療従事者や医療施設の数に対して極めて多数の傷病者が発生することになる。したがって，限られた医療資源（この場合，医師などの人的資源も含む）を有効に活用するため，治療や搬送の優先順位を決定する必要に迫られる。いわゆる「**トリアージ**」という手法である。そのような極限状態ではないにせよ，日常における救急医療の現場では，救急車や救急隊員は限られた医療資源といえる。救える命を確実に救うためには，緊急度に応じた適正な医療体制を提供する必要がある。しかし実際は，不要不急の救急車要請が増えており，数々の弊害がでてきている。本節では，この問題に視点をあて，生命倫理および道徳的観点から考えてみることにしたい。

(1) 安易な救急車利用

総務省消防庁のまとめによると，平成28年度の全国の救急車出動件数は約620万件，搬送人員約562万人であり，過去最多を更新した（総務省消防庁，2017）。このうち軽傷者は約半数を占めるという。指先を切っただけで救急車を呼ぶ，タクシー代わりに救急車を利用する，救急車に乗ってゆくと病院で待たずにすむから，などの事例があとをたたない。明らかなモラルハザード（倫理観の欠如）に違いないが，「万が一の場合もあるので，救急要請されれば出動

---

[1] 1961年，この委員会はシアトル市の病院に設置された。同病院は，世界で初めて慢性腎不全に対する血液透析療法の実用化に成功していた。しかし，この希少な治療を受けられる患者は5名と限られ，治療を希望する全員を受け入れるのは不可能であった。ボランティアとして要請された市民7人からなる委員会は，その選別が任務であったのだ。患者にとって透析療法を受けられないことは確実な死を意味する。委員会は「誰が生きるべきか」という社会的な価値基準の作成を負わされることになった。

はしなければならない。判断は難しいですから」と現場の救急隊員も困惑ぎみである。出動回数の増加に伴い，救急車の現場到着は年々遅くなっており，さらに件数が増えれば助かる命が失われる恐れがある。全国の消防では，「本当に必要なときだけ救急車を」と適切な救急車の利用を呼び掛けている。

(2) 救急搬送トリアージ

増大する救急需要に対し，限られた医療資源を有効活用する方策が模索されている。トリアージとは，大災害や大規模事故において多数の傷病者に対し治療や搬送の優先順位を決定する手法である。救急医療の現場においても，このトリアージの考えを導入し，救急医療資源の適切な利用が図られようとしている。表7-2には，さまざまなレベルでの対策をまとめた。

救急車利用マニュアル：まず，傷病者が発生した場合に自宅レベルにおいて救急車の要請をする必要があるかどうかを判断する参考資料として，消防庁作成の「救急車利用マニュアル」があげられる。これは総務省消防庁のホームページ（総務省消防庁，2013）から閲覧できる。「重大な病気の可能性があり，ためらわずに救急車を呼んでほしい症状」「実際に救急車を呼ぶ場合の通報のしかた」「救急車を呼んだら用意しておくべきポイント」などが掲載されている。

電話相談：119番通報を迷う場合やどこの病院に行けばよいのか迷ったときに，救急相談窓口で電話相談することができる。短縮ダイヤル#7119は，東京都（救急相談センター）や大阪府（救急安心センター）など，いくつかの都府県で開設されており，救急受診や応急手当に関するアドバイス，診療可能な医療機関を案内している。#8000は厚生労働省が行っている小児救急医療電話

表7-2 救急医療におけるトリアージの段階

レベル	方 法	備 考
自己判断	救急車利用マニュアル	自治体配布，消防庁ホームページで閲覧
電話での相談	#7119 #8000（小児救急医療電話相談）	119番通報を迷う場合 全国レベルの厚労省事業
119番通報時点での判断	コール・トリアージ	消防指令センターで判断
救急現場での判断	フィールド・トリアージ	救急隊員による判断

相談事業で，全国どこからでも #8000 をプッシュすることで自動的にその都道府県の相談窓口につながる。小児科医師あるいは看護師から子どもの症状に応じた適切な対処の仕方や受診する病院等のアドバイスが受けられる。

　コール・トリアージ：119 番受信時に消防指令センター内で通報者から患者の状況を聞き取り，救急車出動の要否を判断するもので，不要不急な救急車の利用を抑制できる。救急車の出動が必要と判断された場合にも，あらかじめ緊急度や重傷度の詳細な情報が得られているため，救急隊を効率的に運用することができる。ただし，コール・トリアージでは実際に患者を見ないため，アンダートリアージ（緊急性が高い症例を低く見積もること）の発生が問題とされている。コール・トリアージは緊急度判定用プロトコルに則って判断が下されるため，その精度を適切に設定するなどの対応策が模索されている。

　フィールド・トリアージ：救急車が到着した現場で救急隊員が状態を見て判別するもので，緊急性が低いと判断された場合は傷病者の同意を得て自力で病院に行ってもらう。この場合，現場から救急車は引き返すことができるため，1回出動あたりの活動時間が短縮され，つぎの緊急出動に備えることができる。しかし，緊急性が低いと判断しても同意が得られなければ，病院まで救急車で搬送しなければならない。

(3) 平等と選択

　一般の外来では受診した順に診療が行われるのが普通であり，これが平等の原則にもかなっている。しかし，夜間の救急外来は診療を待つ患者で混乱している。診療を待つ間に，どんどん病状が悪化したら，と誰しも不安に思う。中には「順番を早めて，先に診察しろ」と大声で叫ぶ家族もみかけられる。このような背景から，平成 24 年診療報酬改定において，夜間・深夜・休日の救急外来受診患者に対し，あらかじめ定めた実施基準に基づいて緊急度に応じた診療の優先順位付けを行った場合に「院内トリアージ実施料」を算定できるようになった。

(4) 救急車の有料化問題

　欧米では，医療制度や医療保険制度の違いもあるが，救急車は基本的に有料

であるところが多い。わが国では，救急車および救急隊の費用は公費で賄われており，救急車の出動回数に応じて費用も嵩む。救急業務に要する費用の利用者負担について内閣府で実施した世論調査によれば，比較的軽度の傷病者による救急車利用時の費用負担は，現在と同様に無料がよい51.1％，利用者の一部負担がよい36.5％，利用者の全額負担がよい4.1％という結果であった（内閣府，2003）。仮に有料化した場合，高齢者層や低所得者層に対して本来必要な救急要請を躊躇させたり抑制してしまうことにならないかとの懸念もある。

(5) 救急医療コンビニ受診

　救急車の不適正利用とともに問題になっているのが，「日中，仕事で行けないから」や「夜でも病院はやっているから」などの理由で安易に夜間の救急医療機関を受診する患者が増えている，いわゆる救急医療の「コンビニ化」と呼ばれる現象である。それは，一般的に外来診療をやっていない休日や夜間の時間帯に救急外来を受診する緊急性のない軽症患者の行動のことをさし，24時間営業のコンビニにちょっと買い物に行く感覚に似ていることから名づけられた。特に小児救急外来で**コンビニ受診**の増加が著しい。親の知識不足や不安過剰，核家族化による育児能力の低下などによるものと考えられるが，中には「共働きで夜しか子どもを連れて行けないから」や，家事を終わらせてから時間外に子どもを連れてくる母親なども少なくはない。コンビニ受診の弊害は，本当に救急医療が必要な重症患者への対応が困難になることや，医師が休養をとれず翌日以降の診療に支障を来し，疲れ果てて医療現場を去る医療崩壊となって現れる。

　以上みてきたように，救急車，医療機関，医療従事者は「限られた資源」である。国民の大切な「社会資源」である救急医療を守るためには，国民一人ひとりが助け合う気持ちをもって適切な利用を心がける必要がある。また，日常から学校教育の中で「命の大切さ」について教育し，思いやりの心を涵養するように働きかけていくべきであろう。

2. 感染症

　生命倫理の立場から考えると、一般に医療行為を受ける場合には自立尊重や自己決定の倫理原則が適用される。ワクチン接種も医療行為の一種であるから、この原則が適用されるかに思える。しかし、新型インフルエンザの例を引くまでもなく、感染症はいったん拡大すれば多くの人命が奪われるような事態に陥るため、個人の自由を尊重するよりも公衆衛生的な視点で考えなければならない、という特性をもっている。本節では、ワクチン接種という問題を取り上げ、感染症における生命倫理について考えてみたい。

(1) 風疹患者が急増

　国立感染症研究所の発表によると、風疹[2]の患者数は 2012 年度に約 2,400 人、2013 年度には 14,000 人を超え、平年（おおむね 400 人未満）と比べて爆発的に増えた（国立感染症研究所 HP, 2013）。妊娠初期の女性が風疹に感染すると、新生児に心臓疾患、難聴、白内障などの障害を残す恐れがある（先天性風疹症候群）。2012～2013 年の流行は、当時 20～40 歳代になっていたの人のワクチン接種率が低かったことに起因すると考えられている。

(2) 義務から勧奨の接種へ

　予防接種法は、予防接種を国が市町村長等に実施させるための法律として 1948 年に制定された。そして、市町村に対して予防接種を実施する義務、国民に対して接種を受ける義務が定められていた。このように感染症の流行防止は、予防接種を国民に義務づけることで推進されてきた。風疹ワクチンは 1977 年から中学生の女子のみを対象に集団接種が開始された。1989 年から男女とも幼児期に MMR ワクチン（麻疹・ムンプス[3]・風疹の 3 種混合）の接種とな

　2）風疹ウィルスの飛沫感染で広がる感染症で、「三日はしか」ともいわれる。約 2～3 週間の潜伏期間を経て、リンパ節の腫脹（特に耳の後部、頸部、後頭部）、発熱、顔から全身に広がる小さな発疹が現われる。まれに急性脳炎や血小板減少性紫斑病などの合併症を起こす場合がある。

　3）流行性耳下腺炎（おたふくかぜ）ともいう。ムンプスウイルスが原因で、2～3 週間の潜伏期ののち、発熱と耳下腺の腫脹で発症する。腫脹は顎下腺に拡がることもある。おおむね 7～10 日で軽快する。まれに髄膜炎や精巣炎（両側の場合、男性不妊の原因になる）を合併することがある。

ったが，同ワクチンは副反応（薬物でいう副作用）である無菌性髄膜炎の発生で社会問題になった。その頃から国民の権利意識が変化してきたことや，ワクチン有害事象に対する集団訴訟が多発したため，政府も予防接種に対する政策を大きく後退せざるを得なくなった。MMRワクチンは1993年に中止され，1994年に予防接種法が改正されて「予防接種は義務接種から勧奨接種へ」と切り替えられた。勧奨接種とは，「受けるように努めなければならない」という努力義務のことである。1995年から風疹ワクチンは再開されたが，集団接種から個別接種に変更されたために接種率が低下した。個別接種とは，被接種者の健康状態などを普段からよく把握している「かかりつけ医」のところで相談した上で予防接種を行うことである。2006年度からはMRワクチン（麻疹・風疹混合ワクチン）となった。このように，風疹に対するワクチン行政の変遷から，抗体を持っていないか，あるいは不十分な抗体価しかない成人が多くなったのである。

(3) 予防接種の効用と安全性

これまでに，予防接種は世界から天然痘[4]を根絶し，ポリオ[5]を激減させるなど，感染症の流行防止に大きな成果を上げてきた。流行すれば多くの人命を奪うであろう感染症の制御に対して予防接種が多大な貢献をしてきたことは明らかである。ワクチンの普及していなかった時代には世界で毎年260万人が麻疹[6]で死亡していたが，予防接種活動の推進によって年間死亡数は9万人程度

---

4) 痘瘡ともいわれる。古くから世界各地で猛威を振るったウイルス性疾患である。全身の皮膚に吹き出物や膿ができ，死亡率は高い。命をとりとめても皮膚の瘢痕が残り，失明することもある。18世紀後半にエドワード・ジェンナーがワクチンを発見した。これにより天然痘は欧米諸国では激減したが，アフリカやアジアには依然存在していた。WHOは1966年に天然痘撲滅計画を開始し，1979年に撲滅を宣言した。

5) ポリオウイルスの中枢神経組織への感染によって引き起こされる感染症で，一般的には小児麻痺として知られている。経口感染し，主に腸管や咽頭で増殖して便にウイルスが排泄される。脊髄の運動神経細胞（前角細胞）が破壊されて麻痺を残す。有効な治療薬はなく，ワクチンによる予防が必要である。

6) 麻疹ウイルスによるウイルス感染症で，感染力が極めて強い。約10～12日の潜伏期ののち，発熱で発症し，咳，鼻汁，結膜炎が数日続く。その後，いったん解熱傾向を示すが，すぐに発疹が現れ，39℃以上の発熱が数日続く（二峰性の発熱）。発疹出現前後の1～2日間に，口腔粘膜に白い粘膜疹（コプリック斑）が現れる。発疹は顔面，体幹，手足に広がって全身の発疹となり，数日後に色素沈着を残して回復に向かう。

まで減少してきた。つまり予防接種は，ワクチンを受けた個人（個人防衛）だけでなく，感染症が社会全体に流行することを防ぐ重要な役目（社会防衛）を担っている。

　予防接種はもともと安全性と費用対効果の高い医療行為といえるが，ワクチンも薬剤であるからには副反応は避けられない。麻疹ワクチン接種後の副反応として多いのは発熱（13%）であり，アレルギー反応であるじんま疹（3%），発熱に伴う痙攣（0.3%）が若干数みられる。しかし，予防接種が原因で重い障害が残るリスクは予防接種を受けずに感染症にかかった場合と比較して極めて低い（表7-3）。

表7-3　麻疹の自然感染と麻疹ワクチン副反応の比較

	麻疹の自然感染	麻疹ワクチンの副反応
合併症発生率	約30%（肺炎，中耳炎，喉頭炎，喉頭気管支炎，心筋炎など重症なものを含む）	0.3〜13%（まれに痙攣がみられるが，じんま疹や発熱が多い。）
脳炎・脳症	0.5〜1人/1,000人	1人/100〜150万人

(4) 国内外の予防接種事情

　1994年の予防接種法改正以降，わが国の感染症施策は10数年にわたり世界から立ち遅れた。2007〜2008年に高校・大学生を中心に麻疹が大流行し，2010年には百日咳[7]が成人に多発した。2013年には20〜40歳代に風疹が猛威を振るった。予防接種の目的は，自分自身を守るためだけでなく，社会全体の流行を防止してまわりの弱者を守ることにもある。たとえば，定期予防接種の対象年齢に達しない乳児，アレルギーのため予防接種を受けることのできない小児，妊婦などは，予防接種可能な人ができるだけ多く接種することで守ってあげなければならない。

　諸外国では多大な努力により感染症を国内から排除している。ワクチンで防げる病気（vaccine preventable disease; VPD）を制圧している国々では，外国から感染を持ち込まれることに強い警戒感を持っている。たとえば，日本国

---

[7] 乳幼児が罹患しやすい細菌感染症である。咳発作が続き，無治療では症状が消失するまで2か月以上を要する。昭和33年には年間3万人の患者があったが，予防接種の推進により激減した。

内で麻疹や風疹を発症しても，ふつうの病気だという程度で，それほど違和感をもってみられることはないであろう。しかし，日本人が海外旅行中にこれら感染症を発症すれば，その国の防疫法の規定に基づき，同行者も含めて厳しく移動が制限され，安全性が確認されるまで帰国は許可されない。世界保健機関（WHO）の麻疹戦略[8]によると，以前から南北アメリカ大陸，欧州，アフリカ諸国は麻疹排除の達成された「排除期」に認定されている。これまで日本は最も対策の遅れた「制圧期」に位置づけられていた。日本が「排除期」に認定されたのは，2015年になってからのことである。一方，風疹に関しては2020年度までに排除を達成すべく対策が実施されているところである。

(5) 予防接種拒否の自己決定権

　医療倫理上，患者の自己決定権は広く認められている。とはいっても，予防接種の拒否を通常の自己決定権の範囲に含めていいのだろうか。前述のように，ビーチャム＆チルドレスの生命倫理4原則には，自立尊重（患者の自己決定権）とともに正義・公正の原則があげられている。後者では社会的な公正（たとえば限られた医療資源の配分）が要求される。感染症の予防には公衆衛生の倫理という見方もある。公衆衛生では人々の健康を保障するために社会として集団的に事業が行われるのであるが，時として個人の自由と公共性は対立するからである。

　わが国では，予防接種が義務から勧奨の接種へ，集団接種から個別接種へと変わって以降，未接種の子供が増えた。保護者が子どもの予防接種を拒否した理由として，有害事象への過度の恐れ，なんとなく打ちそびれた，たまたま感冒や熱があった，などさまざまである。「ワクチンを打つより自然に感染して免疫を付けた方がよい」という誤った思い込みによるものも少なくない。予防接種を拒否するケースが増え，接種率が大きく下がると，国民全体としての免疫水準を維持することができなくなる。確かに予防接種を受ける個人あるいは

8）WHOは麻疹排除に向かう段階を3つに区分している。第一段階は，恒常的に麻疹が発生し，時に流行が起こる状態であり，麻疹患者の発生と死亡の減少を目指す制圧期，第二段階は全体の発生を低く抑えつつ集団発生を防ぐ集団発生予防期，最終段階は麻疹排除が達成された排除期である。

保護者の意思を反映できる制度が望ましいとはいえるが、その上で国民はすべからく予防接種を受けるのだという認識を強く持つ必要があろう。

(6) ポリオ根絶に向けての努力

世界ポリオ根絶計画は、社会奉仕団体である国際ロータリーが先頭に立って推進し、世界保健機関（WHO）、米国疫病対策センター（CDC）、国連児童基金（ユニセフ）の主導とビル・ゲイツ財団等の支援により運営されている。この計画により、ポリオの常在国は1988年に125カ国であったのが2カ国（2017年現在）にまで減少してきた。ポリオ常在国に1人でも感染者が残っていれば、すべての国の小児がポリオに罹患する可能性がある。今後10年以内に最後に残った常在国からポリオを根絶することができなければ、毎年20万人もの新規患者が発生すると予想されている（WHO, 2017）。

わが国では、1960年にポリオ患者が5,000人を超える大流行となったが、経口生ワクチンの導入により流行はおさまり、1980年以降は感染症例が発生していない。仮にポリオウイルスが日本国内に持ち込まれても、ほとんどの人が免疫を持っていれば大きな流行になることはないと考えられている。しかし、経口生ワクチンによって極めてまれに**ワクチン関連性麻痺**がみられたので（100万人接種当たり1.4人）、ワクチン接種率は低下してきた（2011年秋シーズンで75.6％まで低下；厚労省、急性灰白髄炎予防接種率の調査結果・速報、平成24年3月）。この状態は、ポリオの集団免疫効果を維持するための目標値を下回っており、ポリオ再流行のリスクにあることを意味している。ようやく2012年9月から経口生ワクチンに代わって不活化ワクチン（単独）が導入され、2012年11月から4種混合ワクチン（ジフテリア・百日せき・破傷風・不活化ポリオワクチン）も導入されたので、ワクチン関連性麻痺の心配はなくなった。

(7) 世界で取り合うワクチン

2009年、新型インフルエンザの世界的**パンデミック**が起こった。世界のワクチン製造能力は1年間で10億～20億回分しかないといわれている。厚労省は季節性インフルエンザワクチンの生産を新型ワクチン製造に切り替えたうえで、不足分を輸入するという方針を発表した。当然、世界各国でもワクチンの

入手を希望していた．特定の国家がワクチンを大量に確保することは，助け合いの精神に反するものである．WHO は先進国の買い占めにより貧困国が影響を受けることへの懸念を表明したが，日本政府は外国産ワクチンを大量に輸入した．やがて新型ウイルスが弱毒性と分かり，世界的な流行も下火となって日本国内でのワクチン需要は激減した．外国から輸入したワクチンの9割以上が使用されずに残ってしまった．全ての人に十分なワクチンがない時，ワクチン使用の公平性とはどのようなものであろうか．当時の対応は，こういった問題を投げかけている．

今後，我が国においても，未知の感染症のパンデミックが起こらないとも限らない．十分量のワクチンがない場合，誰を優先して接種対象にするべきか，配分の順番を決める必要がある．政府はワクチン接種の優先順位を盛り込んだ行動計画をまとめている（内閣官房，2013）．ワクチン接種を優先的に受ける対象者の基準は，国民の十分な理解が得られる高い公益性が認められるものでなくてはならない．パンデミックが起こってしまってからでなく，常日頃から社会の関心や情報の共有など，準備をしておく必要があろう．

以上，感染症対策の領域では臨床倫理上の多くの問題が残されているように思える．個人の自由と公衆衛生上の利益との間には，時として倫理原則が対立するからである．医療資源が限られた状況下において，どのようなルールでもって，誰を優先的に治療や予防措置を行うか，平素から十分に議論しておきたい．

> **一緒に考えよう！**
>
> 1. 不要不急の軽症者による救急車要請を減少させるために，救急車の有料化を導入するべきでしょうか？
> 2. 安易に夜間の救急医療機関を受診する緊急性のない軽症患者を減らすためには，どのような対策が必要になるでしょうか？
> 3. 感染症予防のための公衆衛生上の観点から，予防接種を子どもに受けさせない（あるいは拒否する）保護者の自己決定権は許容されるべきですか？
> 4. 新型感染症の世界的パンデミックが起こり，すべての国民に十分なワクチンを確保できない場合，ワクチン接種を優先的に受ける対象者の選別はどうすればいいでしょうか？

引用文献

Beauchamp, T. L., & Childress, J. F. (2001). *Principles of Biomedical Ethics*. 5th ed. New York: Oxford University Press.（立木教夫・足立智幸（監訳）(2009). 生命医学倫理　第5版　麗澤大学出版会）

WHO (2017). Poliomyelitis. Fact sheet, Updated April 2017

WHO (2017). Measles. Fact sheet, Updated October 2017.

8 臓器移植に関する倫理

1. 臓器移植と脳死判定

　わが国では1997年（平成9年）に臓器の移植に関する法律（以下「**臓器移植法**」と省略する）が公布されて以来，脳死体から合法的に臓器移植をすることが可能になった。しかしながら，2017年（平成29年）7月末までの20年間に行われた脳死体からの臓器移植は2,022例であり，約2,000件を超えるアメリカの年間心臓移植数の半数にも及ばないのがわが国の現状である。この数はヨーロッパに比べても極めて少ない。心臓死された方から提供された臓器を含めても平成27年度までの20年間で2,993例である。

　臓器移植では死体といえどもかけがえのない他人の臓器をいただくのであるから，提供者とその家族の心情に十分考慮して倫理的に行われなければならないことはもちろんであるが，脳死と臓器移植を正しく理解することはコメディカルの従事者であっても，医療に従事する者の責任であると考えられる。本章では臓器移植に関する法的な根拠，脳死が人の死であるとされる根拠，臓器移植に伴う生体反応，そしてわが国における臓器移植の現状について解説する。

(1) 臓器不全とそれに対する医療処置

　人の身体はすべての組織，器官がその機能を全うし，相互に機能し合って初めて健全な生命を維持することができる。もし，ある臓器が機能不全に陥った場合，適切な処置をとらなければ生命の危険を招く。

8 臓器移植に関する倫理

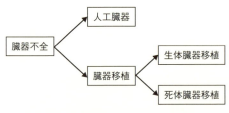

図8-1 臓器不全とそれに対する対策

さまざまな医療処置によって機能不全に陥った臓器の機能回復処置がなされるのであるが，薬物投与や手術などの処置によっても回復が図れない場合の対応策として，まず人工機器による支援がある。広く普及しているものに人工透析がある。これは機能不全に陥った腎臓に代わって血液成分を正常に保つために行われる血液浄化療法である。また，正常な**自動能**を失った心臓にペースメーカーを入れるのも人工機器の応用である。さらには，自発呼吸が不可能になった患者に気管内挿管して人工呼吸を施すのもその一例である。また，失われた内耳機能を取り戻すために，手術で人工内耳を挿入することも行われている。最近のエレクトロニクス技術の進歩によって今後もさまざまな人工機器による生体機能の補助が行われることであろう。

心臓ペースメーカーや人工内耳などは身体に取り付けて使用するので，それらの使用者は行動の自由が保障されるが，人工透析や人工呼吸器を装着した場合，当然行動の自由は損なわれる。そこで，機能不全に陥った臓器に代わって健康な人の臓器を移植するのが臓器移植である。この場合，臓器を提供する人を臓器提供者（ドナー），その臓器をもらう人を移植候補者（レシピエント）と呼ぶ。臓器の提供が健康な人から行われるものを「生体臓器移植」，死亡した人から行われるものを「死体臓器移植」と呼んで区別する。また，後に述べるが，死体臓器移植には心臓が止まった死体から行われる臓器移植と，脳死体から行われる臓器移植がある。わが国で脳死体から臓器移植ができるようなったのは1997年（平成9年）に臓器移植法が制定されてからである。

心臓が停止した後の死体から移植することが可能な臓器は腎臓と眼の角膜である。その理由は血流遮断後，血流が回復すれば機能を回復することが可能な時間は臓器により異なり，腎臓と角膜は比較的長い時間の血流停止に耐えられ

るからである。腎臓は 24 〜 48 時間，血流を遮断しておいても機能が回復するという。この時間は心臓では 4 時間，肝臓では 12 時間，肺では 8 時間とされ，心停止後の死体からこれらの臓器を取り出しても，このタイムリミット内に移植することはできないので，これらの臓器は心停止後の死体からの移植はできないのである。腎移植はわが国でも症例数も多いが，その多くは心臓停止後の死体臓器移植である。

(2) 脳と心臓と呼吸の関係

ここで，脳と心臓と呼吸の関係をみておこう。心臓は自動能をもっているので神経支配がなくても動き続けることができる。普段，私たちは無意識に呼吸しているので，呼吸運動も自動能によって行われているように思うかもしれないが，呼吸筋は骨格筋であり，運動神経からの命令（運動神経の活動電位）が来なければ収縮することはできない。

呼吸の指令は延髄にある呼吸中枢でリズムを作り，頸髄 C3-C5 のレベルの運動神経として横隔神経が横隔膜を支配している。また，胸髄の各レベルで肋間神経が肋間筋を支配している。これらの運動神経の指令がなければ呼吸運動は起こらない。すなわち，脳からの指令が来ないと呼吸筋は動けないのである。呼吸運動が止まれば身体への酸素の取り込みができなくなり，心臓も活動を中止してしまう。心臓が止まると死んでしまうのは，血液循環が停止することで脳への酸素供給が停止し，呼吸中枢が不可逆的に機能を停止してしまうからである。脳，心臓，肺（呼吸運動）の三者の関係は図 8-2 のとおりである。

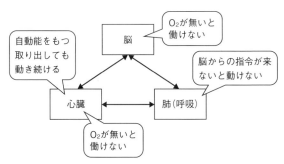

図 8-2　脳と心臓と肺（呼吸運動）との関係

もしここで，心臓は動いているが自発性の呼吸が止まった（脳からの呼吸の指令が来なくなった）人に，人工呼吸器によって肺へ酸素（新鮮な空気）を送り続けていたらどうなるであろうか。脳からの指令がなくても機械の働きで呼吸運動は行われるから，肺は酸素を取り込むことができる。一方，心臓は自動能をもつから酸素が供給されている間は動き続ける。ということは，血液の循環は保たれ，全身に酸素が供給されることになる。すなわち，全身の臓器は機能を維持することができる。しかしこのような状態は，人工呼吸が続けられているという条件の下での話であり，人工呼吸器を止めてしまえば短時間で心停止をきたす。だからこの状態は人工的に生命を維持している状態で，自らが生命を維持しているわけではない。すなわち，呼吸中枢（脳）の働きが停止すれば人工呼吸器で呼吸をさせていても，その人は死んだ状態なのである。この状態の身体から臓器を取り出し移植できればその臓器はそれを必要とするレシピエントの体内で有効に生き続けることになる。

こうした考えに基づき，脳幹の機能が失われ，自発性呼吸ができない状態を，臓器移植を行うことを条件に，死（脳死）と定義づけるのが臓器移植法である。それでは臓器移植法の内容をみていこう。

(3) 臓器移植法の考え方

臓器移植法は第一条でその目的について次のように定義している。「第一条　この法律は，臓器の移植についての基本的理念を定めるとともに，臓器の機能に障害がある者に対し臓器の機能の回復又は付与を目的として行われる臓器の移植術（以下単に「移植術」という。）に使用されるための臓器を死体から摘出すること，臓器売買等を禁止すること等につき必要な事項を規定することにより，移植医療の適正な実施に資することを目的とする」。

その基本的理念は第二条に述べられており，本法の重要な考え方を示している。すなわち，「第二条　死亡した者が生存中に有していた自己の臓器の移植術に使用されるための提供に関する意思は，尊重されなければならない。

2　移植術に使用されるための臓器の提供は，任意にされたものでなければならない。

3　臓器の移植は，移植術に使用されるための臓器が人道的精神に基づいて

1. 臓器移植と脳死判定　75

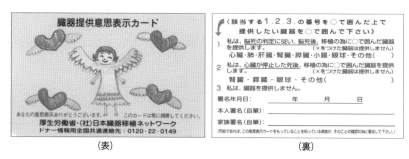

図8-3　臓器提供意思表示カード

提供されるものであることにかんがみ，移植術を必要とする者に対して適切に行わなければならない。

　4　移植術を必要とする者に係る移植術を受ける機会は，公平に与えられるよう配慮されなければならない」とある。

　ここで重要な点は，臓器の提供が人道的精神に基づいて本人の意思に基づいて行われ，臓器売買のような利益供与を目的としてはならないこと，また，レシピエントは公平に選ばれなければならないことが定められている。1997年（平成9年）にこの法律が制定された時点では本人の意思の確認は極めて厳密に要求され，自筆の書面での意思表示が不可欠であった。そのため，15歳未満の年少者は自己の判断に基づく意思表示が不完全であるという考え方（15歳未満の年少者は遺言を残すことはできない）の下に年少者の脳死は認められて来なかったのである。そのため，年少者の脳死が認められ，心臓の提供が可能な外国で小児の心臓移植が施行されてきた。大人の心臓はサイズが合わないため小児には移植できない。

　意思表示は図8-3に示す臓器提供意思表示カードの裏面に記入署名して行うが，最近では同様の書式が運転免許証，健康保険証，マイナンバーカードの裏面にもあり，本人が記入して常時携帯していることが想定されている。

(4) 改正臓器移植法

　臓器移植法が改正される以前には年少者の脳死は認められて来なかったため，これが可能な外国で小児の心臓移植が施行されてきた。これに対し，それ

らの国では自国の小児に対し必要な心臓移植を日本という他国の小児に行うことに批判が高まり，国内での小児からの心臓提供が必須となってきた。平成21年7月17日に施行された改正法では本人が臓器提供する意思表示がなくても，遺族，親族が同意すれば脳死体から臓器を摘出することが可能となった。これに伴い年少者からの臓器提供も法律上は可能となったのである。また，これまではレシピエントは公平に選ばれなければならないことになっていたが，本改正によって，親族に対し臓器を優先的に提供する意思を書面により表示できることになった。

(5) 脳死の判定

臓器の提供意思を示している人が脳死状態になったとき，提供者の身体の状態が臓器提供に適しているかどうかの判定を行い，そのうえで脳死の判定を行う必要がある。すなわち，移植を計画されている臓器はなるべく健全な状態が保たれている必要がある。まず，提供者の身体の状態が生命徴候を維持していることの確認が求められる。すなわち，体温（直腸温・食道温等の深部温）が32℃を上回っていること，収縮期血圧が90mmHg以上であること，さらに心拍，心電図において重篤な不整脈がないことを確認することが必要である。

そのうえで，脳死の判定が行われるが，脳死と判定するうえで必須の要件は脳幹が機能していないことを確認することである。すなわち，

- ○深い**昏睡**
- ○両側瞳孔径が4mm以上であり瞳孔が固定していること
- ○**反射**の消失（以下の7項目の反射，すべてが消失していること，いずれも脳幹が反射中枢である）対光反射，角膜反射，毛様脊髄反射，眼球頭反射，前庭反射，咽頭反射，咳反射
- ○脳波が平坦であること，すなわち脳はまったく働いていないこと
- ○聴覚性脳幹誘発反応の消失（必須条件ではないが確認することが望まれる）
- ○自発呼吸の消失

である。

脳死の判定は専門医が行うこととされているが，その手続きについても明確に規定されている。すなわち，脳死の判定は2回繰り返して行わなければな

らないが，第1回目の脳死判定が終了した時点から6時間以上を経過した時点で，第2回目の脳死判定を開始することとされている。なお，原因，経過を勘案して，必要な場合はさらに観察時間を延長することとされている。そして，第2回目の脳死判定終了時をもって脳死と判定することとされている。特に年少者については慎重な判断と，虐待の事実のないことの保証が求められる。

2. 臓器移植の実態

(1) 臓器移植を必要とする人たち

それでは，現在わが国に臓器移植を必要とする人たちはどのくらいいるのだろうか。日本臓器移植ネットワークの資料によると登録者は表8-1の通りである。これに対し，臓器別提供数，移植数は表8-2と，21年間でも現在の希望者数に及ばないのである。

(2) 臓器移植の成功率

それでは脳死臓器移植によってどのくらいの人の命が救われるのであろうか。すなわち，臓器移植の成功率はどのくらいであろうか。臓器移植ネットワ

表8-1 心臓・肺・肝臓・膵臓・腎臓・小腸の移植を希望して日本臓器移植ネットワークに登録された方の状況（日本臓器移植ネットワークホームページより）

	心臓	肺	肝臓	腎臓	膵臓	小腸
現登録者数	615	339	318	12,145	205	3
内，心肺同時	4	4	–	–	–	–
内，肝腎同時	–	–	14	14	–	–
内，膵腎同時	–	–	–	157	157	–

（2017年6月30日現在）

表8-2 1995年度-2015年度に行われた臓器別提供数，移植数の累計
（日本臓器移植ネットワークホームページより）

累計	心臓	肺	肝臓	腎臓	膵臓	小腸
提供	275	239	305	1909	252	13
移植	275	291	328	3541	251	13

表 8-3 脳死臓器移植件数（日本臓器移植ネットワークホームページより）

	移植数	生存数
心臓	343	325
肺	365	316
心肺同時	3	3
肝臓	402	351
肝腎同時	11	11
膵臓	58	57
膵腎同時	244	235
腎臓	582	559
小腸	14	9
合計	2,022	1,866

（今までの脳死臓器提供による移植件数，2017年7月31日現在）

ークの発表した数字は表8-3の通りで，脳死臓器移植の成功率は非常に高く，移植を受けた人たちの命が救われていることがわかる。

(3) 日本臓器移植ネットワーク

　日本臓器移植ネットワークは，死後に臓器を提供してもよいという人（ドナー）やその家族の意思を生かし，臓器を提供してもらいたいという人（レシピエント）に最善の方法で臓器が贈られるように橋渡しをする日本で唯一の中立な第三者組織である。全国を3つの支部に分け，専任の移植コーディネーターが24時間対応で待機している。詳しくはホームページ（http://www.jotnw.or.jp/）を調べてほしい。移植コーディネーターとは，移植希望者の登録とデータ整備，ドナー情報への対応，移植に関する普及啓発がその任務である。移植を希望する人はまず日本臓器移植ネットワークに登録することが必要となる。ネットワークでは希望者の組織適合抗原など移植に際して必要なデータを保存保管することになる。臓器提供候補者（ドナー）が発生するとレシピエントの選定を行い，レシピエントの意思を確認したのち，入院移植手術の準備をして実際の移植手術が行われることになる。この一連の手続きをコーディネートするのが移植コーディネーターの役割である。

2. 臓器移植の実態　79

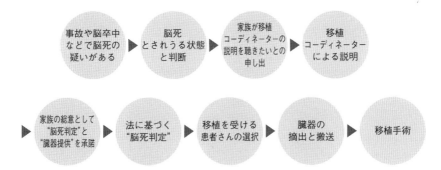

図 8-4　脳死臓器提供の流れ（日本臓器移植ネットワークホームページより）

（4）わが国における臓器提供意思の変化

　臓器移植法が制定されて 20 年，わが国での臓器移植に関する国民の意識はどのように変化したのであろうか。内閣府では 1998 年（平成 10 年）以降数回にわたって世論調査を行い，国民の意識調査を行っている。その結果をグラフにまとめたのが図 8-5 である。

　これをみると，脳死になった場合，臓器を提供したいと考えている人は，法律施行直後の 1998 年（平成 10 年）には約 32％であったものが，10 年後の 2008 年（平成 20 年）では約 44％と増加しており，反対に提供したくないとする人の割合は 38％から 25％へと低下している。しかし，自らの意思表示をするために意思表示カードをもっていたり，それに記入したりしている人は 2008 年（平成 20 年）の時点でもそれぞれ 8.4％，4.2％とあまり多くはない。ただ，平成 25 年の内閣府の世論調査によると，健康保険証や運転免許証の意思表示欄の設置が進んでいることから，臓器提供に関する意思を記入している人は，5 年前の平成 20 年度の調査の 3 倍の 12.6％と増加した。家族が脳死下臓器提供意思を表示していた場合，「これを尊重する」と答えた人は，87.0％とこちらも 5 年前の調査より 6.5％増えている。

80　8　臓器移植に関する倫理

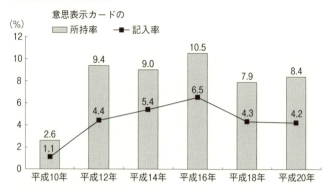

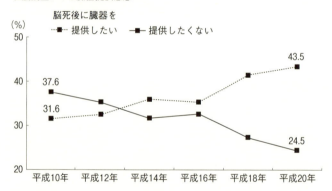

図 8-5　臓器移植に関する国民の意識の推移（日本臓器移植ネットワークホームページより）

3. 臓器移植に伴う生体反応

(1) 拒絶反応

　人間の身体は免疫機能を備えていて，病気にかかるのを防いだり，仮にかかっても軽症で済ませることができる。いずれも血液中の白血球，中でもリンパ球の働きである。免疫機能の詳しいことは専門分野の参考書で学んでほしいが，その概略は次の通りである。
　リンパ球は骨髄の血球幹細胞からリンパ球前駆細胞（幼若リンパ球）が作ら

れるが，幼若リンパ球のうち胸腺に移行して成熟するものはＴリンパ球と呼ばれ，肝臓や脾臓へ移行して成熟するものはＢリンパ球と呼ばれる。Ｔリンパ球は病原体や異物を貪食してこれを破壊し，自分のからだを守る。一方，Ｂリンパ球は病原体やその毒素（抗原）に対して，抗体たんぱく質（抗体グロブリン）を産生する。抗体グロブリンは病原体の表面にあるたんぱく質や毒素と結合しこれを無力化し，病原体や毒素の働きを妨げる。

　Ｔリンパ球もＢリンパ球も自分自身の身体のタンパク質（自己）と自分以外のタンパク質（非自己）を見分ける機能をもっている。また，Ｔリンパ球もＢリンパ球も一度認識した非自己を記憶しており，再度同じような病原体の侵襲を受けた場合には速やかにこれに反応する性質をもつ。ワクチンや予防接種は，この働きを利用した医療であり，毒性を弱めたり，感染力をなくしたりした病原体を注射して前もって免疫を獲得させておく方法である。

　臓器移植で問題となるのはこれらのリンパ球，特にＴリンパ球である。なぜなら，移植された臓器は自分のものでないから，Ｔリンパ球は移植された臓器を非自己と認識し，これを攻撃し殺してしまうからである。これを拒絶反応と呼ぶ。主要臓器適合抗原複合体（Major Histocompatibility Complex: MHC）はまさに「自分であること」をコードしているタンパク質であり，ヒト第6染色体上に記されている。MHCはヒトの白血球でその存在が見つかったのでヒト白血球抗原（Human leukocyte antigen: HLA）とも呼ばれる。MHCは一卵性双生児を除いて一人ひとり異なるのだが親子兄弟では似ているし，他人の間でも違いが大きい人の組み合わせと比較的似ている人の組み合わせがある。臓器移植を成功させるにはMHCが似ているほど拒絶反応は弱くなる。移植ネットワークの役割の一つはドナーとレシピエントの組み合わせを検討することだが，このときにMHCの類似性を検討することもその一つである。

　免疫抑制剤は非自己を攻撃するリンパ球の働きを抑える薬物である。シクロスポリンなどの免疫抑制剤が開発されてから，臓器移植は成功率が高まった。移植直後には免疫抑制剤が必要であるが，時間とともにレシピエントの身体が移植された臓器に親和性が増し，免疫抑制剤の量を軽減することができるという。

(2) 臓器移植の将来，iPS 細胞

　これまで述べてきたように，機能不全に陥った臓器に替えて健康な臓器を移植する移植医療は大きな成果を上げてきた。しかし，生体臓器移植にしても，死体臓器移植にしても，その提供源は限られているし，非自己の臓器に対する生体の拒絶反応は必ず発生する。これに対し，人工多能性幹細胞（induced pluripotent stem cell: iPS 細胞）から臓器を作り，それを移植するという夢のような話が現実味を帯びつつある。

　ヒトの身体は約 60 兆個の細胞からできているといわれているが，もとをたどればこれらの細胞はすべて，たった一つの受精卵が増殖と分化を繰り返して生まれたものである。受精卵はこのように多様に分化・増殖する能力（全能性）を備えているが，いったん分化してしまえば全能性を失う。ところが，2006 年京都大学の山中伸弥教授らは特定の遺伝子群を成熟分化した細胞に導入するとその細胞が脱分化し，再び全能性を獲得することを発見した。「成熟細胞が初期化され多能性をもつことの発見」により，山中教授は 2012 年のノーベル生理学・医学賞を受賞した。もし臓器移植を必要とするヒトから細胞を採取して iPS 細胞とし，この iPS 細胞を特定の臓器を構成する細胞に再分化させて臓器を作り，それを細胞提供者に移植することができれば拒絶反応は起こらないはずである。なぜなら，そのもとになったのは自分自身の細胞だからである。

　いまのところ iPS 細胞を作ることはできるようになったが，それを目的とする細胞に再分化させ，さらにそれを臓器にすることは研究段階である。数年前，網膜加齢黄斑変性症の患者の皮膚から iPS 細胞を作り，それから網膜色素上皮細胞のシートを作って移植するという画期的な治療が行われ，現在経過観察中である。世界中で iPS 細胞の応用研究が急ピッチで進められており，国も多額の研究費の支援を行っている。将来，こうした医療技術を利用することが可能になれば，臓器移植も新たな局面を迎え，その恩恵を受ける人が出てくるようになるであろう。また，その日が一日も早く訪れることを希望している。

4. 献　　体

　これまで善意による脳死者からの臓器提供について述べてきた。ここでは同じように善意による遺体の提供によって可能となる人体の解剖実習に用いられる献体について簡単に解説する。人体の構造をしっかり学ぶため，現在，医学，歯学教育のカリキュラムには，遺体解剖実習が必ず組み込まれている。また，最近では看護師，理学療法士，歯科衛生士などのコメディカルや社会福祉士，介護福祉士などの福祉職を目指す学生を解剖実習（見学実習）に参加させる大学や専門学校が増えている。この遺体解剖実習の対象となる遺体の多くは献体によって提供されている。献体に関しては1983年（昭和58年）に「医学及び歯学の教育のための献体に関する法律」が施行され（1999年に改正），献体を希望する人々の意志が法律によって保障されることになった。また，献体を希望する人たちの団体として，白菊会，不老会などがある。

> **一緒に考えよう！**
>
> 1. 欧米に比較して日本では臓器提供者が少ないのはなぜだと思いますか。
> 2. 自分の提供した臓器が他人の体の中で働いているとしたら，あなたはどのような気持ちになりますか。
> 3. 他人から提供された臓器が自分の体の中で働いているとしたら，あなたはどのような気持ちになりますか。
> 4. あなたは自分の臓器を他人に提供したいと思いますか。

引用文献

日本臓器移植ネットワーク 〈http://www.jotnw.or.jp/index.html〉

9 高齢者医療における倫理的課題

1. 認知症

(1) 認知症とは

　認知症（dementia）とは人が有する正常な認知機能が障がいされた状態をいい，痴呆症と呼ばれた時期（2004年末頃まで）もあったが，現在はこの言葉に統一されている。認知症を定義すれば，「いったんは正常に発達した知的能力が，成人期になんらかの原因（疾患や事故など）によって障害され，記憶障害や見当識障害，理解力低下が生じたために，仕事や家庭生活に困難を来した状態」ということになる（伊古田, 2012）。

　厚生労働省の発表によると，平成24年（2012）の認知症の人は462万人で，65歳以上の7人に1人が認知症ということになる。また，平成37年（2025）には700万人に増加すると予測され，65歳以上の5人に1人の割合になる。後述の軽度認知障がいといわれる認知症予備群を入れると1300万人となり，65歳以上の3人に1人，国民の9人に1人という割合になるとされている。私たちの社会は長寿を喜ぶ一方で，認知症の人と暮らしているという現実を忘れてはならない。

　このように，認知症は年齢とともに高率で発症することから，誰にでも起こり得るものであって，認知症を病気としてとらえるべきものではないという意見がある。しかし，髪の毛が白くなったり，薄くなったり，筋力が弱くなり階段の上り下りに難儀するといった，いわゆる老化による単なる生理機能の低下とは明らかに異なり，しかるべき原因のもとに異常な症状が発現するといった医学的観点からは，老化現象というより病的な状態であるといっていいと思わ

れる。事実，病気として診断や治療の対象とする考え方が医学界はもとより，社会的にも定着している。

(2) 認知症の症状と分類

認知症の症状はその発症原因，進行状況により種々の様相を呈する。以下に述べるように中核症状と周辺症状に分類される。

A. 中核症状（脳機能の障がいに基づく直接的かつ基本的な症状）
a. 記憶障がい（記銘力障がい）

物忘れや新しいことが覚えられないこと。以下にいくつかの事例を示す。
- 同じものを買う，同じことを何度も話したり，たずねる。
- 今切ったばかりなのに電話の相手の名前を忘れる。
- 買い物に出ても何を買うべきであったかを忘れてしまう。
- 財布などをどこにしまったか忘れ，いつも探している。
- 食事をしたことを忘れ，「食事はまだか」と催促する。
- 薬の飲み忘れ，反対に何度も飲む。
- 慣れた道でも迷うことがある。
- 自分の家族が思い出せない。

b. 見当識障がい

今日は何月何日か，いまの季節は，などの時間的なことがわからない。どこに住んでいるのか，ここはどこかなどの場所的なことがわからない。また，定年後なのに仕事に行くと言ったり，冷蔵庫に食べ物以外を入れるなど，社会的なことや状況的なことを正しく把握できない。

c. 失認

視覚や聴覚などの五感を通じて，まわりの状況を把握する機能が低下する。

d. 失行

手順通り一連の動作を実行できない。テキパキできた家事や作業に手間取る。

e. 失語

言葉を理解し，発語するための機能，すなわち言語機能が低下するため，

人との会話がうまくできない。
f. その他の判断力や認知機能の低下
・引き算ができない。
・お金の勘定ができない。
・複雑な話が理解できない。
・服装など身の回りに無頓着になり，清潔感がなくなる。
・興味が薄れ，意欲がなくなり，趣味活動をやめてしまう。
・怒りっぽくなったり，疑い深くなったりするなどの性格の変化が生じる。

B. 周辺症状（問題行動・異常心理症状，すべての人に生じるわけではない）
 a. 徘徊
　家の中や外をあてもなく歩き回る。
 b. 多動
　1か所にじっとしていられなく，落ち着きなく動く。
 c. 介護拒否
　入浴や更衣などの介護に抵抗する。
 d. 叫声
　大声を出して騒ぐ。
 e. 食行動異常
　嗜好が変わったり，髪の毛，紙など食べられないものを食べたりする。
 f. 幻覚
　ないものがあるように思うことで，ないものが見える幻視，ありもしない音や声が聞こえる幻聴などがある。
 g. 妄想
　お金，財布が盗まれたと人を疑うなどの現実的ではない思い込み。
 h. 睡眠障がい
　単に眠れないだけではなく，昼夜逆転することもある。
 i. 抑うつ気分
　無関心，無意欲，気分が落ち込んで喜びを感じられない。
 j. 譫妄
　　せんもう

注意の集中ができず,興奮,混乱し取り乱し,意味不明のことを言ったりする。

(3) 若年性認知症

65歳未満の人が発症する認知症を若年性認知症といい,40～50歳代から始まるケースが多い。早期の診断が遅れがちとなり,早期の治療開始も遅れがちとなる。また,働き盛りであるだけに,家庭や職場でさまざまな問題を発生することになる。

生活習慣病(高血圧や糖尿病など)やうつ病と認知症との関係が密接であることが最近の研究で明らかになっている。一方で,生活習慣病やうつ病が増加し,しかもその発症年齢が低下傾向にあるのが現代社会であることを考えれば,若年性認知症が増加傾向にあることは容易に予測され,現実にそのようなデータが蓄積されている。

(4) 軽度認知障がい

以上述べた典型的な認知症に至るまでには,認知症が疑われるような初期の状態がある。グレーゾーン(gray zone)ともいわれる健常者と認知症の中間にあたる段階で,軽度認知障がい(Mild Cognitive Impairment:MCI)とよばれる。MCIとは,認知機能(記憶,決定,理由づけ,実行など)のうち1つの機能(特に記憶障がい)に問題が生じているが,日常生活には支障がない状態である。

MCIは早期の発見が大切である。MCIを放置すると,認知機能の低下が続き,年平均で10%の割合で認知症に進行するといわれている。しかし,MCIはその症状と対応によって現状を維持したり,回復できる可能性がある。たとえば,有酸素運動をする,青魚や緑黄色野菜を食べる,十分な睡眠(30分くらいの昼寝を含む)をとる,人や社会と積極的に交流する(仲間と声を出し,体を動かして一緒に踊る,引き算やしりとりをしながら散歩するなど)といったことを実践すれば,認知機能の改善や維持を図ることができる。

(5) 認知症の原因

認知症は脳の病気であるから，認知症の原因としては，脳細胞の機能不全を引き起こすものということになる。以下のようにまとめることができる。

①アルツハイマー型認知症（Alzheimer's disease）

原因は不明であるが，アミロイド-β（ベータ）という異常なタンパク質が脳内の神経細胞の周辺に沈着すること（老人斑ともいわれる）が特徴である。このアミロイド-βには神経毒性があり，神経細胞の機能が侵される。また，アミロイド-βとは別に神経細胞内にタウというタンパク質が沈着し，細胞を破壊する。時間経過とすれば，先ずアミロイドβの蓄積から始まりその約10年後からタウタンパク質の蓄積が始まる。アミロイドβとタウタンパク質は更に約15年間蓄積を続け，脳神経細胞を死滅させ認知症を発症させる。発症は初期段階から約25年かかることになる。両タンパク質は側頭葉と頭頂葉に発生しやすく，脳全体に徐々に広がり，徐々に細胞が死滅し，脳が委縮していく。アルツハイマー型認知症の初期は記銘力障がい，無気力，気持ちが落ち込むといった症状を示し，中期になると見当識障がいが顕著になる。症状は徐々に進行し，20～30年で体の動きや発語が消失し，寝たきり状態へと移行する。

②前頭側頭葉変性症

前頭葉と側頭葉を侵す認知症で，単一の病名ではない。その中で代表的な病名は**ピック病**（Pick's disease）である。記憶障がいや見当識障がいの前に性格変化（人柄の変化）が出る場合が多い。マイペース行動（万引き，盗み食い），感情の平板化のほか，過食や味覚の変化が生じる。

③レビー小体型認知症（Dementia with Lewy bodies）

認知症の症状と**パーキンソン病**の症状が同時に現れる病気である。レビー小体とは，パーキンソン病の人の神経細胞に出現する異常物質の名称で，これが脳全体の神経細胞に出現する。認知機能が著しく変動し，幻視，幻覚を生じる。

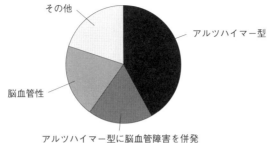

図9-1　各認知症発症の割合

④脳血管性認知症

　脳梗塞，脳出血，クモ膜下出血など（総称して脳卒中）の後遺症として生じる認知症のことをいう。どの脳部位に障がいが生じるかによって症状もさまざまである脳血管性認知症の特徴は，意欲が落ち，無気力，無関心な状態になり，言語障がいや運動障がいを合併することが多い。記憶障がいや見当識障がいはそれほど深刻ではない場合もあるので，適当なリハビリテーションを続ければ徐々に症状が改善する。

　以上の他に，アルコール性認知症，頭部外傷後認知症，脳炎後認知症，特発性正常圧水頭症による認知症などがある。なお，近年，2型糖尿病とアルツハイマー型認知症の関係が指摘され，アルツハイマー型認知症は脳の糖尿病であるとする研究者もいる。

　日本における各認知症の割合は，図9-1に示すように，アルツハイマー型が最も多く全体の約60％を占め，ついで，脳血管性が約20％を占める。残りの約20％を前頭側頭葉変性症，レビー小体型，アルコール性などその他の認知症が占める。なお，アルツハイマー型の約30％（全体では約18％）は脳血管障がいも伴う混合型である。

(6) 認知症の人の気持ち

　認知症の症状のいくつかは，意思疎通が思い通りできないことによるその人

の必死の表現である。イライラ，悲しさ，不安などが，飾ることなく，わかりやすく現われるという意味では，その人の本当の姿が出ているともいえる。しかし，私たちは認知症の人々の言動を自分なりに翻訳して解釈しがちである。認知症の人々には独自の現実がある。これは，私たちの現実とは異なった世界である。往々にして私たちはそのことを受け入れないばかりか，私たちの現実の世界に引き込もうとするところに認知症ケアの難しさが生じる。

　認知症の人がどのような気持ちで日々の生活を送っているのかは想像するしかないが，比較的軽度な場合，気分のいいときなどに言葉でうまく話せない人に手記を書いてもらうことにより，どのような気持ちでいるのかをうかがい知ることができる（NHK福祉ネットワーク，2008）。それによると，「物忘れがあって恥ずかしい」「物忘れがあっても気にならない社会があるといいな」「ぼけは脅威です。恐れています」など，ほとんどの手記が認知症になったことを嘆き，不安を訴えている。認知症の人は，実はいろいろなことはわかっているのだが，思うように行動できないため，失敗したり，混乱したときに，それを隠したり，そのことを避けたりするのである。

　会話に入れてもらえない，叱られる，責められるといったことがたびたびあり，孤独感を強く感じている。似たような境遇の仲間と出会い，そのような思いを仲間同士で共有することにより，自分だけが苦しいのではないと思うことができる。

　認知症は人の助けを必要とするにもかかわらず，人の世話になるのがいやだ，迷惑をかけたくない，助けを求めるのが怖いなどの気持ちをもっている。知的な機能は落ちていくが感情は残っている。認知と感情は別のものであり，「認知症」は「感情症」ではない。認知症になってもいわゆる「心」は生きているといえよう。したがって，気兼ねなく手を差し出してあげるなどの適切なケアをすれば喜びとともに笑顔が出るのである。

(7) 倫理的視点からの認知症ケア

　認知症の人と接する際の基本的な考え方は，認知症であっても幸福に生きることはできるし，幸福に生きる権利があるということである。認知症に対する蔑視や偏見を取り払い，ひとりの生活者として尊重すべきである。認知症であ

っても，ひとりの「人間」として向き合う必要がある。できるだけ寄り添って，機嫌よく振る舞ってもらうことに心がける必要がある。叱責や理性的な言葉での説得などは認知症の人には無意味，無力，逆効果であることを知っておく必要がある。すなわち，認知症の人をもつ家族の人が心がけたいことは，プライドを尊重し，敬意をもって接するということである。そして，介護を長続きするには介護する人の健康が何よりも大切である。

アルツハイマー病など脳細胞の変性による認知症は，人格が崩壊し，体は動いても精神的には空洞で「抜け殻」になってしまっているという偏見があった。認知症ケアでは，「合理的な思考や認知機能があるから優れている」「完全に自立できるから優れている」「意思能力があるから優れている」といった健常者の価値観，倫理観から「理性より豊かな感情」「主体性より周囲との良い関係」「意思能力が不完全な人には支援をする」といったことを重視する価値観，倫理観への発想の転換が必要である（箕岡，2010）。合理的思考や認知機能があるから人間としての権限が与えられるという一般的な倫理観をもつ限りは，認知症の人々を排除することにつながりかねないのである。認知症の人々の尊厳をどのように配慮するのかは極めて重要な問題である（箕岡，2010）。

(8) 倫理観に基づく具体的な接し方の例

認知症は恥ずべきものでも，特別な病気でもなく，むしろ，誰でも長生きすればなるものだという認識をもつ必要がある。家族としては，その人にできる仕事を与え，身近な話題での会話をする，昔話など繰り返しの話を嫌がらずに聞くなど，笑顔で接することが大切である。以下にその対処例を述べよう。

物忘れの例として，いま食べたばかりなのに，「食事はまだか」と催促することがある場合，「いま食べたばかりでしょ」と言っても納得どころか，食べさせてくれないと反感を抱かせることになるので，「もうすぐできるから待っててね」といった感じで待っているうちに忘れてもらう方向へもっていくとか，本人の好きなお菓子などを与えて，「しばらくこれで我慢していてね」というように機嫌を損なわないように気をそらすようにする方法が考えられる。

大事なものが見つからないとき，「あなたが盗んだでしょ」と他人のせいにして疑うような場合は，いくら「私じゃない，私は知らない」と言っても納得す

るものではない。「それでは一緒に探しましょう」と言って一緒に探すのも一つの方法である。もしこちらの方で見つけた場合でも，その場所を本人に探させて見つけさせ，「よかったね」と一緒に喜びを分かち合うようにしたい。見つけられるはずだとの思いから探し物をするのであるが，見つけられないという現実のとき，不安感から盗られたという妄想に至ると考えられるのであるが，その妄想をどう消すかを考えるのではなく，その前段階の不安感をどう埋めるかを考える必要がある。

「今日は何日？」と聞いても答えられないのは見当識障がいの特徴の一つであるが，本人自身が「今日は何日？」と繰り返して聞く場合は，今がいつなのかといったことに不安を感じていることに起因する可能性があるので，部屋の目に付くところに大きなカレンダーをかけておいて，質問ごとにカレンダーの前で一緒に「今日は何日だね」と納得してもらい，不安を取り除くような工夫をする。

徘徊についても頭を痛めるところである。戸外に出て交通事故や転倒のリスクを予防するという目的があるにしても，ドアや窓に鍵をかけて出られないようにしたり，体を縛りつけて拘束するなどは倫理的に問題である。どうしたら防げるかを考えるより，なぜ外に出歩きたくなるのか？を考えるべきで，その背後には何らかの不安があると思われるから，その不安を取り除くことから考慮すべきである。

近年，認知症患者の介護の技法の1つとして注目を集めているものに，「ユマニチュード」(humanitude) 法がある。「人間らしさを取り戻す」という意味で，フランス人のイヴ・ジネストとロゼット・マレスコッティによって考案されたものである。認知機能が低下した人は自分の身の回りの状況に不安感を抱くものであるから，その人がわかるような言葉，表情で丁寧に伝えていくということがこの技法の基本的な考え方である。具体的には次の4つのポイントから成る（本田・ジネスト・マレスコッティ，2014）。

・見る：同じ目線でしっかり見つめる（見下ろさない）。
・話す：やさしく，繰り返し話しかける。
・触れる：触る場所を伝え，安心させる。腕をつかまない。
・立つ：寝たきりにならないように自力で立つように促す。

(9) 認知症の治療法

認知症の原因の中で，ホルモンの異常，肝臓や腎臓の病気，ビタミン欠乏症，感染症など身体疾患によるもの，硬膜下血腫や水頭症など脳実質の圧迫などによるものは，その原因となる疾患を治療することにより，認知症の症状は大きく改善することがある。したがって，認知症の症状が出てきたからといって，もう治らないとあきらめずに原因によっては治る認知症もあることを認識する必要がある。

認知症を根治的に治療する方法はまだ実現されていない。現在，対症療法的に使用されている薬には次の4種類がある。ドネペジル，ガランタミン，リバスチグミン，そしてメマンチンで，前3者はアセチルコリン活性を高める薬であるのに対して，メマンチンは薬理作用が異なり，グルタミン酸の過剰刺激から神経細胞を守る薬である。前3者は認知機能の改善および悪化予防効果がある。リバスチグミンはより有効であるとされる。

(10) 認知症に対する社会制度（医療制度）

認知症の疑いがある場合，まずはかかりつけ医，さらには，専門医（精神科，神経内科，老年科，認知症の特別外来など）に相談すべきである。それ以外の各機関や窓口でも以下のように情報提供や相談を受け付けているので，積極的に利用することが望まれる。

①介護支え合い相談（厚生労働省助成事業）

介護にあたる家族の悩みを受けとめるために設立された。介護の悩みごとや，諸制度利用の相談に応じてくれる。

②保健所

自治体により異なるが，相談会や講習会を行っている。

③地域包括支援センター

介護保険法で設置された公的機関。行政に代わって，在宅介護に関するあらゆる相談に応じてくれる機関。その際の必要にして適切なアドバイザー役を行うのは「認知症サポート医」である。認知症サポート医とは厚生労働省の「認知症地域医療支援事業」の中で2006年に生まれた制度で，所定の研修を受けて任命されるものである。

④高齢者総合相談センター

通称シルバー110番と呼ばれ，お年寄りやその家族が抱える悩みや心配事など，一般的な相談にも専門家が対応してくれる。

⑤認知症の人と家族の会

認知症のお年寄りを抱える家族，その関係者によって構成されている団体。同じ悩みをもつ家族同士で情報交換ができる。

⑥認知症を知るホームページ（http://www.e65.net）

認知症に関する基礎知識，相談や受診のための案内など，種々の情報をわかりやすく入手できる。全国の医療機関などのサイトにもリンクしている実用性の高いサイト。

認知症の患者と同居する家族はいろいろな課題に直面する。日本では認知症の人を施設に預けることに抵抗があるため，家族で面倒を見ようと仕事を辞める人（特に女性）は多く，介護離職は年間15万人に上る。逆に，家族による介護の放棄や虐待も深刻な問題である。また，認知症をもつ人への権利の擁護のため，**成年後見制度**を含む活動も考慮すべきである。いずれにしても，患者家族，介護者，医療機関，自治体それぞれの機能を有効に活用し，協力し合って対応していく必要がある。そのため，厚生労働省はオレンジプランと呼ばれる認知症施策推進5カ年計画を2013年から開始している。そこでは，医師の対応力向上，地域の介護インフラ整備，医療・介護サービスを担う人材育成といった種々の施策が展開される予定である。認知症ケアのさらなる充実が期待される。

2. 胃ろう

(1) 胃ろうとは

体内組織が体表とつながった穴のことを瘻あるいは瘻孔という。これは，慢性炎症などで自然に生じる病的な場合もあれば，ある目的をもって外科的な処置により人為的に作成する場合がある。胃ろう（胃瘻）は，後者の例であり，腹部の表面と胃壁に小さな穴を開けて管（チューブ）を通すことをいう。口から

食べ物や飲み物を摂取することが困難な人に対して，外部から食物（流動食），水分，医薬品などを補給し，生命を維持させることを目的とした処置である。1980年代にアメリカにおいて消化管内視鏡を用いての経皮内視鏡的胃ろう造設術（Percutaneous Endoscopic Gastrostomy: PEG）が開発され，患者の負担が少なく管理が容易であることから世界的に広まった。日本では2010年の時点で50万人以上が利用していると推定されている。

　口から食べられなくなったとき，人工的に水分や栄養を補う方法を人工栄養法（あるいは，人工的水分栄養補給 artificial nutrition and hydration：ANH）という。胃ろうも人工栄養法の代表例であるが，それ以外に，手術のあとの一時的な補給の場合や，胃ろうの作成が不向きの人には，「中心静脈栄養法」を用いる。これは，細い管を心臓の近くまで挿入し，栄養液を直接注入する方法である。「末梢静脈栄養法」もある。これは，いわゆる点滴ともいわれるもので，手足の静脈に針を刺し，それを介して水分や栄養液を入れる。生命維持に必要な栄養を補給することはできない。

(2) 胃ろうが必要なとき

　先天的あるいは後天的な原因で口からの飲食ができない場合や，誤嚥防止のため口以外の場所から栄養分を体内に入れる必要がある場合，胃ろうは重要な選択肢の一つである。意識があるのに嚥下機能が失われている人にとっては有効な栄養補給法である。具体的には，食道や胃噴門部[1]に狭窄があって嚥下が困難な人，脳出血，脳梗塞など脳血管障がいによる麻痺のため摂食が困難になった人，神経難病（筋萎縮性側索硬化症[2]など）で嚥下障がいのある場合，老化とともに嚥下反射[3]がうまく作動せず誤嚥を繰り返す人には，胃ろうからの

---

1) 食道と胃の接合部である噴門部は普段閉じているが，食物が運ばれてくると，下部食道括約筋が緩んで胃の中に送り込まれる。噴門部の狭窄とは，この筋肉を支配する神経に異常があり，噴門部が閉鎖したままになる疾患である。

2) 運動ニューロンが障がいを受け，そのために手足・のど・舌の筋肉や呼吸に必要な筋肉がだんだんやせて力がなくなっていく病気。特定疾患に認定された指定難病で，有効な治療法は確立されていない。

3) 口腔咽頭部に食物や水分が到達すると反射性の嚥下（飲み込み）運動が生じる。軟口蓋が挙上して鼻腔への開口部が閉鎖され，喉頭蓋と声門が閉じて喉頭・気管への開口部も閉鎖される。食塊は食道へのみ送り込まれることになる。

人工栄養や水分や医薬品を投与することにより、必要で十分な栄養や水分や医薬品を摂取させ、患者の生命を維持しQOL（生活の質）を向上させるといった意味で有効かつ必要な処置である。誤嚥とは、気道の閉鎖がうまくいかず、気管に嚥下物が入り込むことで、そのために肺炎を引き起こす危険性がある。ちなみに、誤飲という言葉があるが、これは、お金やボタン電池など、食べ物以外のものを誤って飲み込むことをいう。

一方、胃や腸の機能に病気や障がいがあり、人工栄養を消化吸収することが不可能または困難な場合、内視鏡が使えない身体状況の場合、胃前壁を腹壁に近接できない場合、著しい肥満で腹壁から胃内に胃ろうチューブが届かない場合などは技術的に胃ろうを作成することができない。さらに、倫理的な観点から、患者本人または家族が胃ろう造設と人工栄養や水分や医薬品の投与による生存を望まず拒否した場合や、**老衰**、がん、認知症の終末期においては平穏死・尊厳死の観点から胃ろうを造設すべきかどうか悩むところである。この点に関しては、後の項目で詳しく述べる。

(3) 胃ろうの作り方と操作法

患者に軽い鎮静剤をまず投与する。チューブをつける位置を確認するために口から内視鏡を胃に入れる。患者の腹部の皮膚を局所麻酔薬で麻痺させ、小さく切開する。胃ろうチューブを口から挿入し、腹部の切開部から外に引き出す。胃壁、皮下組織、皮膚を貫通することになる。慣れた医師であれば、約30分で以上の処置を行うことができる。

胃ろうを作って数日後から栄養剤、流動食を注入することができる。基本的な投与法は、流動食を体の上方に固定したバッグに入れ、点滴の要領でチューブを通して胃に送り込む。各食事時間ごとに約1時間かけて注入する場合と、同量の流動食を休みなく連続して与える場合がある。チューブはひとりでに抜け落ちることはないが、患者が無意識のうちに引き抜く場合があるので注意が必要である。チューブの漏れや詰まりがないかをチェックし、チューブの周りの皮膚を清潔に保つ必要がある。6ヵ月〜1年でチューブを新しいものに取り替える。チューブを使用していないときは、体の外側の部分を取り外すことができるので通常の行動を妨げることはない。胃ろうがあっても、唾液は飲み込

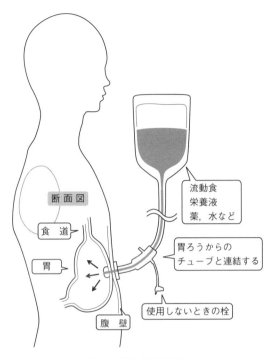

図9-2　胃ろうの仕組み

んでいるし，注入した流動食等が食道を逆流する可能性もあるので，ともに誤嚥性の肺炎を引き起こす可能性があるので注意が必要である。

　基本的に気管切開の場合と同様にチューブを抜去すると自然に閉鎖してしまう。そのため自然抜去，誤抜去の際には自然閉鎖する前に速やかに新たなチューブを装着する必要がある。

(4) **胃ろうと生命倫理**

　医師の指導を受けた家族らが胃ろうを利用することで，病院や老人施設だけでなく自宅でもゆっくり栄養補給できる利点がある。しかし，胃ろうには，胃ろうの周辺の皮膚に潰瘍やただれができやすく患者に負担や苦痛を与えるうえ，終末期の患者に行うことは人工的な延命処置につながりかねないとの批判がある。

胃ろうを作った後，状態が改善して口から食事が取れるようになったら，もちろん胃ろうの必要性はなくなり，取り外すことができる。たとえば，脳血管障がいの部位によっては嚥下機能が損なわれる場合があるが，脳機能の回復と共に嚥下リハビリを受けて再度口から食べることができるようになれば，胃瘻の必要性はなくなる。しかし，現実的には，胃ろうを作った後取り除くことができた人の割合は6.5%という報告がある（Suzuki et al., 2010）。つまり，いったん始めた胃ろうは長く継続する可能性がある。胃ろうを中止すると死期を早めるという倫理的問題があり，いったん始めた胃ろうという治療は，家族にとって心理的，肉体的，経済的負担が大きいまま，継続されることが多い。ましてや，意識障がいがあり，それが回復しない人の場合，胃ろう栄養法をどのように評価するかは，家族たちの価値観，死生観に依存するところが大きい。
　わが国では終末期の認知症や老衰の人にも積極的に胃ろうが作られるようになった。その多くはいわゆる寝たきりの高齢者である。どれくらいの量の投与が患者にとって望ましいのかといったことは，患者との意思疎通があって初めて可能となる。物事を考えること，喜怒哀楽が適切に表現できなくなった人に対して，強制的に栄養を補給することは本当に必要だろうか？　老衰の終末期を迎えた体は，水分や栄養をもはや必要としない。無理に与えるのはかえって負担をかけ，苦しめるだけである。補給のない方が楽に逝けるのではないだろうか。
　このような状況に対して，日本老年医学会は「高齢者の終末期の医療およびケアに関する立場表明2012」を発表した（2012年1月28日　日本老年医学会のホームページ参照）。その中で，「胃ろう造設を含む経管栄養や，気管切開，人工呼吸器装着などの適用は，慎重に検討されるべきである。すなわち，何らかの治療が，患者本人の尊厳を損なったり苦痛を増大させたりする可能性があるときには，治療の差し控えや治療からの撤退も選択肢として考慮する必要がある」と述べている。医療者にとって重要なことは，患者本人が最期まで人間らしく生きることができるように支えることである。患者側と丁寧に話し合い，一緒に考え，ともに悩みながら患者にとって最善の道を歩むことである。このように医療者と患者側が倫理的に適切な方法で合意した結果は，法的な問題にはならない。

(5) 事前指示（advance directive）

　胃ろうの設置を考えねばならない事態のとき，患者には自己決定のための意思能力が欠如しているケースがほとんどである。いわゆる延命につながるこの処置をすべきか否かについて家族は大いに悩むことになる。そのようなとき，患者の事前指示があれば，それに従うことが最優先の選択になる。**事前指示**とは「意思能力の正常な人が，将来，判断能力を失った場合に備えて，治療に関する指示（治療内容，代理判断者の指名など）を事前に与えておくこと」である。自身の意思や価値観を尊重してもらうためには，自分の将来を見すえた事前指示を行っておくべきであり，広く世間にもその必要性を喚起する必要がある。

　事前指示が普及しているとはいえない現在，2つの現実がある。1つは，病院で経口摂取ができなくなった場合で，延命治療として，あるいは，退院の条件として胃ろうを実施するケースが多い。一方，介護施設などでは「看取り」という名の下で，延命治療を放棄するケースが多い。いみじくも箕岡（2010）は，前者を「過剰医療」，後者を「過少医療」と呼んでいる。看取りとは「無益な延命治療をしないで，自然の経過で死を見守るケアをすること」であるが，そこには医学的・倫理的・法的問題が内包されている（箕岡，2010）。適切な看取りとは次の要件を満たすときである。①医学的に末期であり，明らかに治療行為は無益であること，②延命だけのための治療を望まないという本人の意思があること，③家族の同意が得られていること，④意思決定に際しての手続きが法的に妥当であること。

(6) 食べる楽しみ

　本来の胃ろうの目的は口から食べられなくなったときの一時的な処置であり，体調が回復したあとは撤去し，口から食べる生活に戻すべきである。その可能性がないまま医師からの勧めに応じてとりあえず胃ろうを造設することに同意すると前項で述べたような問題が発生することになる。

　口から食べることの重要性についてふれておきたい。食の3大機能として，①体に必要な栄養素やエネルギー源を摂取する（栄養的な面），②おいしく食べて幸せになる（嗜好性の面），③体の健康状態をさらに高める（機能性の面），が

あげられている．確かに，エネルギーのもととなる糖や油脂，タンパク質の構成要素の一つであるグルタミン酸，ミネラルの代表としての塩化ナトリウムなどは好ましい味を有し，欠乏すればするほどよりおいしくなる．おいしさは，体が消耗した物質を補充するまで摂食を続けるための原動力にもなる．これらの機能はいずれも健康に生きるために必要な食の働きである．おいしいとき，脳内には，β-エンドルフィン，アナンダマイドなどの幸せとゆったりした気分にさせる物質が出てくる．さらにドーパミンという快感と前向きの気分にさせる物質，そして，オレキシンという覚醒作用を引き起こし，食を活発に促進させる物質などが連鎖的に出てくる．すなわち，食べているときは，ストレスのない穏やかな気分であり，いきいきと頭は冴え，いろいろなアイデアが浮かぶといった知的興奮状態になっている（山本，2017）．このような体の反応は，口からおいしいものを食べたときにのみ生じるのである．

このような観点から，お年寄りにいつまでも口から食べることのできる工夫や，食べる楽しみ，自分の好きなものをおいしく食べる喜びを味わってもらう試みがなされている．食べることは人生最大の楽しみであるから，大阪のあるホスピスでは，死期が迫る患者さんにその人が最も好きであった食べ物，最も思い出深い食べ物を聞いて，その人のイメージ通りの食べ物を心をこめ，材料を吟味しつつ作って食べてもらい，喜んでもらっているということである．

以上のことから，食べ物を口を経由せずに取り込むということはいかに非生理的であるかがわかるであろう．こういった考えも含めて，自分で意思表示ができなくなったときのために，人工栄養，水分補給，人工呼吸などの延命処置を受けるかどうかについて，元気な間に自分の意思を書面で残しておくこと（前項で述べた事前指示）が必要である．万一，胃ろうをせざるを得ない局面になったとき，そういった書面，あるいは患者に意思が残っていればその意見を含めて，家族や医療者で十分話し合い，合意を得ることが必要である．

> **一緒に考えよう！**
>
> 1. 認知症，若年性認知症，軽度認知障がいの違いとその対応について考えてみましょう。
> 2. 認知症の患者にはどのような心掛けで接したらよいでしょうか。考えてみましょう。
> 3. 事前指示とは何でしょうか？　胃ろうの設置に際しては患者の事前指示があることが望ましいですが，その理由を考えてみましょう。
> 4. 口から食べることの重要性を考えてみましょう。

引用文献

本田美和子・イヴ・ジネスト・ロゼット・マレスコッティ（2014）．ユマニチュード入門　医学書院
伊古田俊夫（2012）．脳からみた認知症　講談社
箕岡真子（2010）．認知症ケアの倫理 Ethics of Dementia Care　ワールドプランニング
NHK福祉ネットワーク（編）（2008）．ここまでわかった認知症　旬報社
日本老年医学会〈http://www.jpngeriatsoc.or.jp/〉
認知症の人と家族の会〈http://www.alzheimer.or.jp/?page_id=3107〉
Suzuki, Y. et al. (2010). Survival of geriatric patients after percutaneous gastrostomy in Japan. *World Journal of Gastroenterology, 16*, 5084-5091.
山本　隆（2017）．楽しく学べる味覚生理学　建帛社

参考文献

藤井義敬（2013）．胃ろうを作るべきか〈http://www.med.nagoyacu.ac.jp/surg2.dir/decisionaid/gastrostomy/gastrostomy.html〉
合田文則（編著）（2011）．胃ろうPEGケアのすべて　医歯薬出版
井村裕夫（編）（2015）．医と人間　岩波書店
小山茂樹（監修）（2010）．胃ろう（PEG）ケア―はじめの一歩　秀和システム
倉岡有美子（2013）．ご本人に代わって意思決定を行う方のための小冊子―高齢者が栄養チューブをつけて長期的に使うこと〈irouishikettei.jp/dl/gideline01.pdf〉
長尾和宏（2012）．胃ろうという選択，しない選択―「平穏死」から考える胃ろうの功と罪　セブン＆アイ出版
西口幸雄・矢吹浩子（編）（2009）．胃ろう（PEG）ケアと栄養剤投与法　照林社

清水裕子（2008）．コミュニケーションからはじまる認知症ケアブック　学研
山田正仁（2011）．認知症―よりよい治療と介護のために　NHK出版

死に関する生命倫理

10 死に関連する倫理的課題

1. 現代日本の死に関する現状

　現代では，二人に一人ががんになり，三人に一人ががんで亡くなる時代である。医学の進歩によりがんの治療効果も格段と良くなった。いわば，現代は多くの人ががんになり，がんと診断されてからの長い人生を生きる時代ともいえよう。それに伴い，自身の治療や最期の過ごし方に関して，熟慮し準備する時間が与えられている時代であるともいえる。

　医学・医療は急速に発展し，多くの人がその恩恵を享受できるようになり，一昔前までは確実に死に至っていた人の命を延命・救命することが可能となった。しかし，そうした医療の進歩に伴った光の部分が大きければ大きいほど，その影も大きく，私たちはいのち・生命に関する大きな倫理的課題を抱えるようになっている。どのような影があり，医療者として人としてその影にどう対峙するのかを考える学問が生命倫理学の一側面であり，医療倫理と関連する。特に死に関する倫理的課題は医療者のみならず，生を受けた者は必ず死すべき運命にあるため，各人が自身の問題として課題にいかに対峙するのかを問われている。

2. 終末期（末期）・ターミナルケア

　1969年にキューブラー・ロス（Kübler-Ross, E.）の名著 "*On death and dying*" が出版され，世界的にも大きな影響を及ぼした。1960年代前半では，アメリカにおいても，死はタブー視される社会であり，死にゆく人への精神的ケ

アが十分になされていない時代であった。なお，この"*On death and dying*"は1971年に日本語に翻訳され『死ぬ瞬間』として出版された。日本においても，この著書は医療界のみならず一般市民にも大きな影響を与え，1971年には「死の臨床研究会」が発足し，この年の7月3日付朝日新聞夕刊で，日本で一般の人々に対して初めて，ホスピスが正式に報道されたとされている。そして，1981年日本初のホスピス施設である聖隷ホスピスが聖隷三方原病院内にでき，1984年第2番目に淀川キリスト教病院のホスピスができた。

　このように終末期医療に対する関心は，日本では1970年代頃より急速に高まっていった。まさに1970年代はがんが日本の死因の第1位となり，病院死が在宅死を上回るようになった頃である。そして1970年頃までは告知率も低く，医療現場では**スパゲッティ症候群**に代表されるように，終末期の状態でも徹底的なキュア（治療）が重視され，ケアが不足していた。それにより，患者は病院という特殊な環境の中で苦痛の多い，孤独な死を迎えていた時代でもあった。そうした非人間的な死に対する疑問が，医療者だけでなく一般市民からも生じ，ホスピス運動やターミナルケアへの関心の高まりにつながっていった。

(1) 終末期（ターミナル・ステージ）とは

　終末期とはさまざまな定義があるが，柏木（2001）によればターミナルステージとは，「あらゆる集学的治療をしても治癒に導くことができない状態で，むしろ積極的な治療が患者にとって不適切と考えられる状態をさす。通常生命予後が6ヶ月以内と考えられる状態」と定義されている。また，全日本病院協会の「終末期医療に関するガイドライン策定検討会」によれば「終末期」とは，①医師が客観的な情報をもとに，治療により病気の回復が期待できないと判断すること，②患者が意識や判断力を失った場合を除き，患者・家族・医師・看護師等の関係者が納得すること，③患者・家族・医師・看護師等の関係者が死を予測し対応を考えること，の三条件を満たす場合をいうとしている。なお，終末期という言葉はキリスト教の終末論を連想させるため，末期との言葉が使用されることもある。

　そして，ターミナル（terminal）は"末期の""終わりの"との訳があるが，その語源はラテン語のterminusで境界という意味がある。ここでいう境界と

は，この世と死後の世界の境界であり，**ターミナルケア**とは「この世との別れである死が迫っている人々を，できるだけ苦痛少なく新しい世界へ移してあげる援助をすることである」(柏木，2001) とされている。

　終末期に関してはさまざまな定義があるにしろ，いずれにしても治癒できず余命がわずかなことに焦点をあてた場合に，この終末期との言葉が使用されることが多い。一方で後に述べる，余命ではなく緩和に主眼を置いたものを緩和ケアと称している。また，キリスト教の精神に基づいた博愛主義など，理念を重視したものをホスピスと称することが多い。また，厚生労働省は表11-1 に記しているように2015年頃より，これまで「終末期医療」と表記していたものを「人生の最終段階における医療」へと表記を変更する意向を示している。

　以下，緩和ケアとホスピスケアそしてエンド・オブ・ライフケアの概念定義を簡単に紹介する。

(2) 緩和ケアとは

　WHO（世界保健機関）では，**緩和ケア**（palliative care）の定義において「治癒を目的にした治療に反応しなくなった患者」との文言を2002年に削除し，新しい定義として「palliative care とは生命にかかわる疾病に直面している患者とその家族の痛みやその他の身体的，心理社会的，スピリチュアルな問題を予防・評価・対応することによってQOLを向上させるアプローチである」としている。緩和ケアに関しては，終末期の人のためのものといったとらえ方をされてきたが，近年では緩和ケアは余命の期間に関係なく生命に関わる疾病に罹患し，痛みがある状態の人が対象となる。

(3) ホスピスケアとは

　緩和ケアと混同して用いられる言葉として，**ホスピスケア**がある。ヨーロッパのホスピスの歴史は，キリスト教の博愛主義を土台にして展開してきたとされている。現代のホスピス運動の礎を築いたのは，イギリスのシシリー・ソンダース（Saunders, C.）で，1967年にセントクリストファー・ホスピスを開設した。ホスピスの語源としては，ラテン語のホスピティウム「歓待する宿」，ホスピタリティ「あたたかいもてなし」がある。アルフォンス・デーケン（Deeken,

1991）によれば「ホスピスとは，独立した設備や施設を指す言葉ではない。主として末期ガン患者のために，さまざまな援助プログラムを提供しようという，哲学的理念とその実践の総称である」とされており，患者と家族のもつ身体的・精神的・社会的・霊的の4つの全人的苦痛に対してアプローチするものである。いわば，ホスピスは施設を意味するのではなく理念である。したがって，自宅でもホスピスの理念に基づいたケアである在宅ホスピスケアは可能となる。なお，ホスピス・緩和ケア病棟は毎年増加し，緩和ケア病棟入院料届出受理施設は 2017 年 10 月 10 日現在では 337 施設の 6917 床に至っている。

（4）エンド・オブ・ライフケア（End-of-Life Care）とは

1990 年代からアメリカやカナダで高齢者医療と緩和ケアを統合する考え方として**エンド・オブ・ライフケア**が提唱されている。緩和ケアは，がんやエイズを対象としたものという理解があり，がんのみならず認知症や脳血管障がいなど広く高齢者の疾患を対象としたケアをさしているのがエンド・オブ・ライフケアである。

3. 疼痛緩和

がん末期患者の 7 割以上に強い痛み（がん性疼痛）があるとされている。世界保健機構（WHO, 1986）によれば，WHO 方式がん疼痛治療法に従えば，8 〜 9 割以上の苦痛緩和がなされたとされている。しかし，すべての医師が疼痛コントロールに関する専門的知識や技術を有しているわけではない。厚生省健康政策局総務課（2000）によれば，医師の中で WHO 方式がん疼痛治療法を知っている割合は「内容を良く知っている」と回答した医師は 15.3％で，「知らない」と回答した医師が 23.5％と，内容を良く知っている医師より，知らない医師の方が圧倒的に多い。そして，同様の調査が 2008 年にも実施されている（終末期医療のあり方に関する懇談会，2010）が，「内容を良く知っている」と回答した医師は 19.5％で，「内容を知らない」医師の割合は 23.6％であった。また，同調査において，モルヒネの使用にあたって，「有効性と副作用について患者に説明できる」と回答した医師の割合は 2008 年では 35.7％で，1998 年の 45.3％

よりも減じている。そして痛みが取り除かれているがん末期の患者は，がんセンターなどの専門病院でも64％，病院機能評価認定・研修病院では50％，大学病院では40％とされている（平賀，2004）。

　近年では，先にも述べたがこのWHO方式がん疼痛治療法に従えば約9割近い痛みが軽減されるとされている。中でも，モルヒネに代表されるような**オピオイド**は，注射薬だけでなく経口薬，坐薬，貼り薬などが開発され，使用方法も簡便になっている。しかし，日本では医療用モルヒネの使用量はアメリカの7分の1，カナダの10分の1とされている。では，なぜ日本ではモルヒネが使用されにくいのか？　その理由の一つとして，一般市民のみならず医療者の中にも，モルヒネなどのオピオイドに対する偏見がある。現代では緩和医療の進歩に伴い，痛みを取ることができる時代であるが，モルヒネに対する偏見や誤解，知識不足があり，痛みを取るために必要な十分な量が投与されていない現状にある。なお，多くの薬には有効限界量が定められているが，モルヒネに関してはこの有効限界量がなく，痛みが取れて副作用が抑えられている量が，その人とって最適量となる。がん性疼痛のある患者においては，医師の指示のもとで適切に使用すればモルヒネは有効かつ安全な薬である。がん患者の場合は中毒になることはないし，禁断症状も出ない，ましてや寿命を短縮するわけではない。現代の緩和医療の基本は，痛みを我慢させるのではなく，痛みが出ないようにコントロールすることである。すなわち，痛みが出てから痛み止めを使用するのではなく，痛みが出現しないようにコントロールし，患者のQOLを高めることが求められている。そのためにも，医療者はインフォームドコンセントを実施し，患者・家族に正しい知識を提供したうえで，安心させる必要がある。

　痛みを取ることができる薬があるにもかかわらず，患者に痛みを我慢させることは大きな倫理的な問題である。苦痛の緩和は，医療者の責務であるとの認識が必要であろう。痛みが取れれば，第11章で述べる「安楽死」を希望する人も少なくなると思われる。

　こうした，日本における緩和医療の現状にあって「がん対策基本法」が2006年成立（2007年施行）した。「がん対策推進基本計画」の中で日本の緩和ケアの現状に関して，「がん性疼痛の緩和等に医療用麻薬が用いられているが，欧米先

進諸国に比べると我が国の消費量はまだ数分の一程度にとどまっている」と記されている。そして取り組むべき施策として，「全国どこでも緩和ケアをがん診療の早期から適切に提供していくためには，がん診療に携わる全ての医師が緩和ケアの重要性を認識し，その知識や技術を習得する必要があることから，緩和ケアに関する大学の卒前教育の充実に努めるとともに，医師を対象とした普及啓発を行い，緩和ケアの研修を推進していく」ことが明記されている。このように，緩和ケアの実践と教育がますます重要視されてきており，地域における緩和ケア提供体制の整備も急務である。

4. 死の質（Quality of death：QOD）について

1970年代頃までは生命の長さのみが重視され，それにより苦痛の多い死を迎える人が多かった。しかし1980年代頃より命の長さ（量）ではなく，いのち・生活の質としてのクオリティ・オブ・ライフ（Quality of life：**QOL**）が重要であるとされるようになった。現代日本は少産多死社会であると言われているが，高齢者が人口にしめる割合が多く，多くの人が癌と診断された後の人生を生きることになる。終末期医療に関してはさまざまな選択肢があり，技術的には延命処置が可能であっても，その延命処置をどこまで受けるか否かは個人の価値観と大きく関係している。近年では，人生の終焉を苦痛なく自分の価値観にあった尊厳ある最期・死を迎えられるかといった，死の質としてのクオリティ・オブ・デス（Quality of death：**QOD**）に関心が高まってきている。

日本は経済大国で，国民の全員が何らかの公的医療保険に加入する国民皆保険であり，医療制度は充実している。しかしエコノミスト・インテリジェンス・ユニットが2010年に発表した死の質（QOD）に関するランキングでは世界40カ国中，日本は23位とされている。ちなみに1位は近代ホスピスの発祥の地であるイギリスで，2位はオーストラリアである。日本は平均寿命が高く，医療保険制度も整っているのにもかかわらず，23位である理由の一つに，緩和ケア専門家の養成が遅れている点が指摘されている。

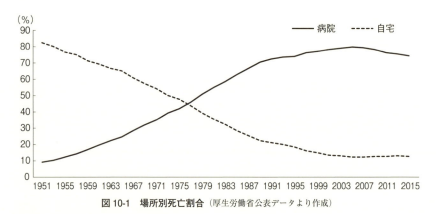

図 10-1　場所別死亡割合（厚生労働省公表データより作成）

5. 望む最期の場所

　最期を迎えたい場所に関しては，質問の仕方で若干の違いはあるものの，「自宅（在宅）」を選択する人の割合は5～8割である。しかし現実には，2015年のデータにおいて自宅で最期を迎えた人の割合は12.7％で，2004年以降，自宅で死を迎えた人の割合は12％台で推移している。一方で，現代では8割近くの人が病院で死を迎えている。しかし，昔から自宅で亡くなる人が少なかったわけではない。図10-1に示したように，死亡場所割合が病院と自宅で逆転したのは1977年で，それまでは病院よりも自宅で亡くなる人の割合が圧倒的に多かった。

　多くの人ができるなら自宅で最期を迎えたいと思いながらもそれが実現されない原因の一つには自分が最期をどのように過ごしたいか自身の希望を家族に伝えていないことが関係している。

　終末期医療に関する意識調査等検討会報告書（2014年）によれば，自身の死が近い場合に受けたい医療や受けたくない医療についての家族との話し合いについて，「全く話し合ったことがない」と回答した一般国民の割合は55.9％であった。望む看取りを実現するためには，まずは，延命措置など終末期の希望等を，家族で十分に話し合っておくことが最も重要であろう。死生観に関する心理学的研究において，人は自身の死よりも，大切な他者の死に対する恐怖が強く，大切な他者の死を考えることから逃避することが明らかにされている（河

野，2016）。こうした心理や，死について考えるのは縁起が悪いと死を忌み嫌う国民性，自己決定するよりも家族との関係性の中で推察されることを良しとする文化的な背景もあり，望みを家族にしっかりと言語化して伝えていない状況である。しかし，近年では"**終活**"なる言葉も生まれ，望む最期の過ごし方や大切な人へのメッセージなどを記しておく**エンディングノート**も少しずつ普及しはじめている。また 11 章で取り上げるアドバンス・ケア・プランニング（ACP）の必要性が浸透しつつある。最期をどこでどのように過ごしたいかは人によって異なるが，自分や大切な人の望みが実現できるように，今後状況が改善されることを期待したい。

　2017 年（平成 29 年）6 月に歌舞伎俳優の市川海老蔵さんの妻で，元ニュースキャスターであった小林麻央さんが乳がんのため 34 歳の若さでこの世を去った。麻央さんは闘病生活や心情をブログに綴り，その内容は，多くの人々を勇気づけ，感動を与え，大きな影響を及ぼした。彼女は BBC の「世界に影響を与えた女性 100 人」にも選ばれている。日本においてはがんの場合，9 割近い人が病院で亡くなっているが，たとえがんであっても，肺や骨に転移があっても，痛みを緩和し安らかに最期まで自宅で過ごすことが可能であることを麻央さんのブログを通して多くの人が知ることができたのではないだろうか。また，意識レベルが低下し呼吸が荒くなった時に，救急車を呼び病院で人工呼吸器を装着することで延命する選択肢があったかもしれない。しかし，麻央さんとご家族はそれを選択しなかった。日本では終末期の人々が救急車で病院に運ばれ，病院で亡くなることも多い。だが病院での数日の延命を本当に希望しているのか，今一度，家族とともに話し合う機会をもってほしい。麻央さんは，終末期医療の在り方や最期まで自分らしく生ききることの大切さを多くの人に考える機会を与えてくれたといえよう。

一緒に考えよう！

1. 日本人の多くはどこで死を迎えているのでしょうか？ それはなぜか考えてみましょう。
2. 看取りを受ける場所や延命処置など，人生の終焉を希望通りにするためには，どうすれば良いか考えてみましょう。
3. あなたは人生の最期をどのように過ごしたいですか？ 考えてみましょう。
4. あなたは延命措置など人生の終焉に関するご家族の希望を知っていますか？ 知る必要はないか，考えてみましょう。

引用文献

デーケン, A.（1991）. ホスピスの思想と歴史　デーケン, A.・飯塚眞之（編）　日本のホスピスと終末期医療　春秋社　pp.5-20.

Economist Intelligence Unit（2010）. *The quality of death end-of-life care the world*（丸祐一・小野谷加奈恵・飯田亘之（訳）（2013）. 死の質──エンド・オブ・ライフケア世界ランキング　東信堂）

平賀一陽（2004）. がん疼痛治療におけるオピオイド鎮痛薬の適正使用に関する研究　厚生労働科学研究費補助金　総括・分担研究報告書

河野由美（2016）. 死への態度　川島大輔・近藤 恵（編）はじめての死生心理学　新曜社　pp.11-25.

柏木哲夫（2001）. ターミナルケアとは　柏木哲夫・藤腹明子（編）　系統看護学講座　別巻10　ターミナルケア　医学書院　pp.28-40.

厚生省健康政策局総務課（監修）（2000）. 21世紀の末期医療　中央法規

Kübler-Ross, E.（1969）. *On Death and Dying*. Macmillan.（川口正吉（訳）（1971）. 死ぬ瞬間　読売新聞社）

終末期医療のあり方に関する懇談会（2010）. 「終末期医療に関する調査」結果について〈http://www.mhlw.go.jp/bunya/iryou/zaitaku/dl/07.pdf〉

終末期医療に関する意識調査等検討会（2014）. 終末期医療に関する意識調査等検討会報告書（平成26年）〈http://www.mhlw.go.jp/bunya/iryou/zaitaku/dl/h260425-01.pdf〉

WHO（1986）. *Cancer pain relief and palliative care*. Geneva: WHO Technical Report Series No.804.（武田文和（訳）（1987）. がんの痛みからの解放とパリアティブ・ケア　金原出版）

11 尊厳死と安楽死

　生命倫理において，死に関連する問題・課題は数多くあり，枚挙にいとまがない。そうした中でも，安楽死と尊厳死に関することは，生命倫理の中心的なテーゼである。この章では尊厳死と安楽死に焦点をあて，それに関する事件と判例を紹介しながら倫理的問題に関して検討を加えてみたい。

1. 死ぬ権利

(1) カレン・クィンラン事件

　アメリカで起きたカレン・クィンラン事件は，生命倫理，尊厳死，死ぬ権利について社会に大きな問題提起をした事件である。

　　　1975年当時21歳のカレンは，友人のパーティに出席し，アルコールを飲み，めまいを感じたためベッドで横になった。そして，意識を失い呼吸をしていない彼女を友人が発見した。彼女は長時間の呼吸不全によって脳に回復不能な損傷を受けた。その後，病院で人工呼吸器を取り付けられたカレンは，次第に痩せ衰え四肢は拘縮し，容貌は見るに堪えないものに変化していったとされている。彼女の両親は，カレンが元気な時に「機械につながれたまま生かされ続けるのはイヤ」と語ったことを覚えていた。彼女の両親は人工呼吸器を取り外すことを病院に求めたが，病院側がこれを拒否したため，ニュージャージー州の高等裁判所へ申し立てた。しかし，高等裁判所では求めは却下されたため，最高裁判所に訴えて，求めは認められた。その後カレンは人工呼吸器を外されたが，自発呼吸が回復し，人工栄養によってさらに9年間生き続け，1985年に肺炎で死亡した。なお，カレンは夫妻の養女であったことから，両親は中傷にさらされたと言われている（李，2009）。

このカレン事件が契機となって，1976年カリフォルニア州で世界最初のリビング・ウイルを盛り込んだ「自然死法」が成立した。この法律によって，回復の見込みがない状態になったとき，健康時にあらかじめ本人が「死なせてほしい」あるいは「医療行為はしてほしくない」と意思表示しておけば，自然に死ぬことができるよう定められた。

　同時に1960年代後半からアメリカでは公民権運動の高まりとともに，患者の権利意識が強まるようになり，1973年にアメリカ病院協会において「患者の権利章典」が採択された。その中核をなすのが「患者の自己決定権」であるが，章典の4番目には「患者は，法が許す範囲で治療を拒絶する権利がある」とした「治療拒否権」が明記されている。

2. 延命措置に関する家族の葛藤

　第10章で記載したように，日本においては，本人の意向が確認できていない場合も多い。延命措置に関して患者本人の意思が確認されない場合，判断は家族に委ねられることが多いが，本当に本人が望んでいることなのか？との疑問が残り，家族は大きな葛藤にさいなまれる。

　延命措置とは一般に，回復の見込みがなく，死期が迫っている終末期の患者への生命維持のための医療行為をいう。人工呼吸器の装着，心臓マッサージや昇圧剤投与による心肺機能の維持，水分や栄養の点滴などがある。ただ，「いつまでが救命で，いつからが延命か」という線引きは難しいとされている。

　現実に日本の医療現場でも，延命措置に関する家族の葛藤はさまざまな場面で生じている。事前に延命措置拒否の意向を示していたにもかかわらず，延命された家族の葛藤もあれば，延命を希望していなかったにもかかわらず，医師から「これは延命ではなく緊急の処置です」と，人工呼吸器の管を入れられた家族の苦悩もある。一方で，延命することで，たとえ短い期間ではあっても，本人と家族が最期の別れの時間をともにゆっくりと過ごすことができるなど，延命に対して肯定的な意見もある。医療者側も決して葛藤とは無縁ではない。経済的な理由から延命せずに自然死させてほしいという家族や，反対に親の年金が目当てで延命を希望する家族もあり，家族の意向に従った場合でも，本当

2. 延命措置に関する家族の葛藤

表 11-1 終末期医療に関する主な提言（ガイドライン）の抜粋

年	組織	名称	ポイント	URL
2007	厚生労働省	終末期医療の決定プロセスに関するガイドライン	終末期医療の決定に関する厚生労働省から初めてのガイドライン。医療・ケアチームの重要性を明記	http://www.mhlw.go.jp/shingi/2007/05/s0521-11.html
2008	日本医師会	終末期医療に関するガイドライン	事前指示書確認の重要性を示唆	http://dl.med.or.jp/dl-med/teirei kaiken/20070822_1.pdf
2008	日本学術会議	終末期医療のあり方について―亜急性型の終末期について―	終末期の定義を記載	http://www.scj.go.jp/ja/info/kohyo/pdf/kohyo-20-t51-2.pdf
2009	全日本病院協会	終末期医療に関するガイドライン～よりよい終末期を迎えるために	終末期の定義を記載	http://www.ajha.or.jp/topics/info/pdf/2009/090618.pdf
2012	日本小児科学会	重篤な疾患を持つ子どもの医療をめぐる話し合いのガイドライン	チェックリストを作成	https://www.jpeds.or.jp/uploads/files/saisin_120808.pdf
2012	日本老年医学会	高齢者ケアの意思決定プロセスに関するガイドライン 人工的水分・栄養補給の導入を中心として	終末期に限定したガイドラインはない	https://www.jpn-geriat-soc.or.jp/proposal/pdf/jgs_ahn_gl_2012.pdf
2014	日本透析医学会	維持血液透析の開始と継続に関する意思決定プロセスについての提言	維持血液透析の見合わせを検討する状況を記載	http://www.jsdt.or.jp/jsdt/1637.html
2014	日本集中治療医学会・日本循環器学会・日本救急医学会	救急・集中治療における終末期医療に関する提言	救急・集中治療における終末期の定義を記載	http://www.jaam.jp/html/info/2014/pdf/info-20141104_02_01_02.pdf
2015	厚生労働省	人生の最終段階における医療の決定プロセスに関するガイドライン	2007年の改訂版（「終末期医療」を「人生の最終段階における医療」に表記変更）	http://www.mhlw.go.jp/file/06-Seisakujouhou-10800000-Iseikyoku/0000078981.pdf
2017	日本臨床救急医学会	人生の最終段階にある傷病者の意思に沿った救急現場での心肺蘇生等の在り方に関する提言	救急隊員の蘇生行為中止に関して記載	http://jsem.me/news/1670

（2017年7月10日現在）

に本人の望んでいたことなのかわからないこともあり，状況は複雑である。

2006年の射水市民病院での人工呼吸器取外し事件以後，終末期医療に関しては国や学会等がさまざまなガイドラインを提示しており，その一部を表11-1に示した。

3. 尊厳死

アメリカでは先に記したようにカレンの事件を契機として「自然死法」が認められ，これは尊厳死法とも呼ばれている。**尊厳死**（death with dignity）とは，「人間が人間としての尊厳を保って死に臨むこと」であり，「植物状態の患者のように意識の回復の見込みのない者に対する無益な医療を打ち切って，患者に自然な死を迎えさせるための措置」とされている。日本尊厳死協会では尊厳死を「傷病により"不治かつ末期"になったときに，自分の意思で，死にゆく過程を引き延ばすだけに過ぎない延命措置をやめてもらい，人間としての尊厳を保ちながら死を迎えること」と定義している。なお，無意味な延命行為の拒否については，実際に死を迎える段階では意識を失っている可能性が高いため，事前に延命行為の是非に関して宣言するリビング・ウイル（Living Will）が有効な手段とされている。

しかし，尊厳死を望む根底には「生産性のある人間のみが生きるに値する」という価値観があると指摘する者や，生存権を脅かしかねないものとして尊厳死を警戒する立場の人もいる。「安楽死・尊厳死法制化を阻止する会」という市民団体は，尊厳死という名のもとに，殺人や自殺幇助が一般化する可能性があると主張している。

4. 自己決定

終末期医療や延命措置に関してはいずれにしても，一番重要なのは第10章でも記したように本人の意思（自己決定）であろう。以下，自己決定に関することを示す。

(1)「事前指示」(advanced directive：アドバンス・ディレクティブ)

　「事前指示」とは，患者あるいは健常人が将来判断能力を失った際に，自ら行われる医療行為に対する意向を示しておくものである。この事前指示の中で，自分の病態が終末期になったときを考えて，無駄と思われる医療やしてほしくない医療について，文書で医師に指示しておくものを一般的には**リビング・ウイル**と呼んでいる。米国では，患者が意思表示できなくなったときに，患者の

終末期医療における希望事項（リビング・ウイル）

私は，下記の医療行為について，受けるか否かについて以下のように希望します。なお，この希望はいつでも撤回し，または変更することができます。撤回，変更は，同様の書面，あるいは時間的な猶予がない場合には口頭で行います。

①輸液　　　　　　　　　　（1）希望する　　　（2）希望しない
②中心静脈栄養　　　　　　（1）希望する　　　（2）希望しない
③経管栄養（胃瘻を含む）　　（1）希望する　　　（2）希望しない
④昇圧剤の投与　　　　　　（1）希望する　　　（2）希望しない
⑤人工呼吸器　　　　　　　（1）希望する　　　（2）希望しない
⑥蘇生術　　　　　　　　　（1）希望する　　　（2）希望しない
⑦その他（具体的に：　　　　　　　　　　　　　　　　　　　）

書式は必ずしもこの形である必要はない。

　　　　　　　　　　　　　　　　　　　　　年　　　月　　　日

　　　　　　　　　　　　　　　　　氏名

　　　　　　　　　　　　　　　　　医師氏名

　　　　　　　　　　　　　　　　　看護師氏名

図11-1　終末期医療における希望事項（リビング・ウイル）
（「全日本病院協会　終末期医療に関するガイドライン」より）

意思に反して治療が行われないように事前に意思表示しておくこと，つまり患者自身が自分の治療に関して最終判断を前もって指示しておく制度が普及している。たとえば，米国ではカルテの表紙にDNR（Do Not Resuscitate）という文字が書いてあれば，「本人が蘇生術を望まない」ということを示したものとされ，医療者は延命のために蘇生術は行わない。近年では日本においても，DNRでは蘇生の可能性があるのに蘇生治療をしないとの印象を与えるため，DNAR（do not attempt resuscitation）という表現で，終末期を対象にして入院時に患者の延命に関する希望を問う病院も増えてきている。なお，全日本病院協会では終末期医療に関するガイドラインを作成し，図11-1のようなリビング・ウイルに関する書式を公開している。

(2) リビング・ウイル

リビング・ウイルは「尊厳死の宣言書」「事前指示書」とも言われ，治る見込みのない病気にかかり死期が迫ったときに，無駄と思われる医療やしてほしくない医療を医師に書面で提示するものである。日本ではリビング・ウイルに関しては法制化されておらず，法的な効力はない。しかし，終末期医療のあり方に関する懇談会の平成22年「終末期医療に関する調査」結果によれば，平成20年時点では一般人の場合は，リビング・ウイルに「賛成」と回答した人が61.9％，「反対」が2.4％，医師の場合でもリビング・ウイルに「賛成」と回答した人が79.9％，「反対」が1.8％で，圧倒的に賛成する割合が多い。

(3) アドバンス・ケア・プランニング

書面に残すリビング・ウイルも含み，将来の意思決定能力の低下に備え，自分の人生の終焉について周囲と相談して検討する，**アドバンス・ケア・プランニング**（ACP：Advance care planning）の必要性が認識されはじめている。ACPでは自分の人生の終焉をどのようにしたいのか，自分が価値を置き大切にしたいものは何か，自分の病態が終末期になったときどのような医療を受けたいか等に関して幅広く自身の意向を周囲と相談して検討する過程が重要であるとされている。

5. 安楽死

(1) 安楽死の定義

　安楽死に関しては明確な定義が確立していない。しかし，一般的な理解として，安楽死とは，末期がんなど「不治」かつ「末期」で「耐えがたい苦痛」を伴う疾患の患者の求めに応じ，医師などが積極的あるいは消極的手段によって死に至らしめること，と理解されている。安楽死は，大別すると「**積極的安楽死**」「**消極的安楽死**」「**間接的安楽死**」に分けられている（判例時報，1530 号）。

①積極的安楽死：苦痛から免れさせるため意図的積極的に死を招く措置をとること。本人の自発的意志を前提として一定の条件を満たした場合，医師が自殺幇助の行為を行うこと。

②消極的安楽死：延命治療を中止して死期を早める不作為型の安楽死。自然死，または尊厳死と同義語または間接的安楽死を含める言葉として使われる。

③間接的安楽死：苦痛を除去・緩和するための措置を取るが，それが同時に死を早める可能性がある治療型の安楽死。

　安楽死の区分としては上記以外にも，「延命措置の中止・回避」「医師による自殺幇助」などさまざまな区分がある。

　なお，安楽死に関する歴史的事件としては，障がい者を「恩寵の死」の名の下に殺害した，ナチスの「安楽死」事件が背景にある。特に，積極的安楽死についてはその是非が問われ，日本では，積極的安楽死の容認については慎重である。

　また，消極的安楽死の一つに尊厳死があるとの解釈もあるが，解釈は流動的である。日本尊厳死協会は「安楽死は第三者が末期だとみなした，苦痛を訴えている患者さんに同情し，その患者を死なせる行為。それに対して尊厳死は，不治の病にあり，かつ末期の患者本人の"死に方"のことで，"死なせる"こととは違う」としている。

(2) 日本での医師による安楽死事件（東海大学安楽死事件，1991年）

　　本件は，東海大学医学部の助手で医師であった被告人が，多発性骨髄腫で入院していた男性患者の長男等から「苦しむ姿を見ていられない」などとして治療行為の中止を求められ，治療行為を中止したが，その後も，荒い苦しそうな呼吸をしている患者を見ていた長男から「楽にしてやってほしい。早く家に連れて帰りたい」などと再三言われたことから，殺意をもって，塩化カリウム製剤等の薬物を注射して死亡させた事件である。翌5月にこのことが発覚し，助手は塩化カリウムを注射したことを問われ，殺人罪により起訴された。

　横浜地方裁判所は判決で，医師による積極的安楽死として許容されるための要件として，①耐えがたい肉体的苦痛があること，②死が避けられずその死期が迫っていること，③肉体的苦痛を除去・緩和するために方法を尽くし他に代替手段がないこと，④生命の短縮を承諾する明示の意思表示があること，の四要件をあげた（判例時報，1530号）。
　そして本件では，上記の①と④を満たさないが，患者の家族の強い要望があったことなどから，情状酌量により刑の減軽がなされ，執行猶予が付され，有罪（懲役2年執行猶予2年）とされた。なお，患者自身の死を望む意思表示がなかったことから，罪名は刑法第202条の嘱託殺人罪ではなく，第199条の殺人罪とされた。日本の安楽死裁判で医師が有罪判決を受けた初めてのケースとされている。
　その後も，安楽死に関連した事件として，1996年の「国保京北病院事件」や，1998年の「川崎協同病院事件」，2006年の「射水市民病院事件」などがおきている。
　安楽死の問題を論じる場合，注意を有することは，患者の肉体的苦痛を緩和するための方法が本当にないのかという点とチーム医療という点である。第10章で記載したように，苦痛から解放されれば安楽死を望む人も少なくなると推察され，苦痛を軽減する方法があるのに苦痛を取れないことの方が倫理的に大きな問題であろう。そして，医師ひとりの同情で誤った判断をしていないかという点にも注意が必要である。終末期医療の現場ではチーム医療が重要な鍵となる。

6. いのちは誰のもの

　もしあなたが，目の前で電車に飛び込もうとする人を見た場合，あなたはどうするだろうか？　自殺するのはその人の自己決定と，知らぬふりをするであろうか？　自分の命なのだから自分でどうしようとその人の勝手なのだろうか？　はたしていのちは誰のものか？　いのちの所有権は誰にあるのか？
　こうしたいのちは誰のものであるのかに関して，実際に医療現場の人々を悩ます事例がある。

7. 宗教的信念と輸血拒否

　宗教の中には教義で輸血を禁じているものがある。その信者が交通事故にあい，大量出血をして救急病院に運ばれた。輸血さえすればその若者は確実に助かる。だが，彼の母親は輸血をすることを拒んだ。もし，あなたが医療者ならどうするだろうか？
　こうした問題が実際に生じている。「エホバの証人」に対する裁判がその例である。このエホバの証人の信者への輸血に関しては複数の裁判があるが，2000年最高裁判決は，患者が自己の宗教上の信念に反するとして輸血拒否の意思を有している場合は，このような意思決定する権利は，人格権の一内容として尊重されなければならないとの判決を示した。この判決では，患者の自己決定権の尊重，患者と医療者で交わした契約履行義務という方針が示された。この判決により，「エホバの証人」の信者患者に対して，患者の意思を尊重し輸血をせずに診療する（絶対的無輸血）という決定を下して診療を開始した場合，医療機関・医療者はたとえいかなる事態になっても輸血すべきではないことが示された。この判決は，医療における患者の自己決定権の重視という点で大きな意義をもつ一方で，医療者の中には目の前に助かる命があるのに，見殺しにして良いのかとの疑問をもつ声もあると聞く。

8. 各自が抱える死に関する倫理的課題

　告知や延命措置の是非，尊厳死の容認など，死に関する問題については万人が納得できるような回答はない。一人ひとりが自身や家族の問題として死に関する倫理的課題に対峙し，自身の意向を周囲に伝えておくことが何よりも重要である。そのためにも，すべて医師にお任せするや，専門家である医師の指示に黙って従うといった，誤った**パターナリズム**の払拭が必要であろう。だからこそ，自身のためにも愛する家族のためにも，各人が市民として自律し，意思決定・遂行する能力を涵養することが必要であり，ここに学生が自身の問題として生命倫理を考え・学ぶ意義がある。

一緒に考えよう！

1. いのちは誰のものか考えてみましょう。
2. あなたは安楽死に賛成ですか？　それとも反対ですか？　なぜ，賛成または反対なのか考えてみましょう。
3. 安楽死と尊厳死とでは，どのように異なるのか考えてみましょう。

引用文献

判例時報社（1995）．判例特報東海大安楽死事件判決（横浜地裁 7.3.28 判決）　判例時報，*1530*, 28-42.
厚生省健康政策局総務課（監修）（2000）．21 世紀の末期医療　中央法規
李　啓充（2009）．続アメリカ医療の光と影　医学書院
日本尊厳死協会〈http://www.songenshi-kyokai.com/〉
全日本病院協会　終末期医療に関するガイドライン〈http://www.ajha.or.jp/voice/pdf/161122_1.pdf〉
終末期医療のあり方に関する懇談会　平成 22 年「終末期医療に関する調査」結果〈http://www.mhlw.go.jp/stf/shingi/2r9852000000vj79-att/2r9852000000vkcw.pdf　p119〉

研究に関する生命倫理

12 臨床研究の生命倫理

1. 臨床研究の生命倫理とは

「臨床研究の生命倫理」と言われると，難解で堅苦しいイメージを持つので，「臨床」「研究」「生命」「倫理」という4つの単語を題意に合う平易な言葉で考えたい。

①臨床　病床に臨む。患者に接して診察・治療を行うこと。

②研究　物事を詳しく調べたり，深く考えたりして，事実や真理などを明らかにすること。

③生命　いのち。

④倫理　人として守り行うべき道。　　　　　　　　　（『広辞苑』より）

以上より，「臨床研究の生命倫理」とは「患者様のいのちに関することを調べるときに守らないといけないこと」と解釈し，この章を進めることとする。

2. 患者のいのちに関すること

患者のいのちに関することとは何かを考えてみたい。

患者のいのちに関することといえば，直接生死に関わる疾患の治療に関することというのは容易に想像できる。たとえば，がんの治療に関する研究は間違いなく臨床研究である。

では，遺伝子や細胞を実験対象として研究している研究者は臨床研究，つまり病床に臨んだ患者のいのちに関する研究をしているといえるのだろうか？

この答えは間違いなく YES である。

研究対象が直接患者でなく，患者から採取した細胞や遺伝子であっても，また健常者やヒトではなくマウスや犬などが研究対象であったとしても，その基礎研究により多くの患者のいのちが救われることになる。また，直接生死と関わらずとも，生活の質（quality of life：QOL）の向上など，対象者の幸せにつながるようなことはすべて臨床研究，つまり患者のいのちに関わることとして扱ってよい。

逆に，多くの研究が臨床研究の枠に入るということは，後述する事項を遵守しなければ研究ができないことになっている。

3. 守らないといけないこととは

患者のいのちに関わる研究をする際に守らないといけないこととはなんであろうか。

臨床研究を行う機関には必ず**倫理審査委員会**を設置しなければならず，倫理審査委員会には必ず「研究倫理に関する指針」がある。また，厚生労働省も「臨床研究に関する倫理指針」を 2003 年に発表し，2004 年，2008 年に改正されている。

倫理審査委員会の詳細は後述するとして，臨床研究に関する倫理指針（厚生労働省，2003）より，「守らないといけないこと」をみていくこととする。

この指針は前文と 8 項により構成されており，臨床研究を行う際に守らないといけないことが書かれている。

前文では，この指針がヘルシンキ宣言（巻末資料 5）に基づき作成され，関連する法律を遵守するように述べられている。

以下 8 項は，以下の内容を遵守するように述べられている。

第 1 　基本的考え方
臨床研究の重要性を踏まえつつ，倫理的観点および科学的観点から臨床研究に携わるすべての関係者が遵守すべき事項を定めることにより，臨床研究の適正な推進が図られることを目的とすると書かれており，適用範囲，用語の定義がしてある。

第2 研究者等の責務等
被験者の生命，健康，プライバシー及び尊厳を守ることが研究者の責務であり，そのために必要な種々の項目に関して明記されている。

第3 倫理審査委員会
臨床研究がこの指針に適合しているか否か，倫理的観点及び科学的観点から判断する機関である。
(この指針の中では委員会の設置に関しては触れられておらずヘルシンキ宣言の中で触れられている。)

第4 インフォームド・コンセント
被験者又は代諾者等に対する一般的な説明事項が，17項目の細則とともにあげられている。(インフォームドコンセント自体の説明は第6章を参照)

第5 試料等の保存及び他の機関等の試料等の利用
試料等の保存と他の機関などの試料を利用する場合に遵守すべき事項が細則とともにあげられている。

第6 細則

第7 見直し
平成25年7月30日を目途としてその全般に関して検討を加えた上で，見直しを行うものとする。と，されている。

第8 施行期日

第7項では，見直しの目途が記載されているが2003年7月30日に制定されて以来，2004年12月28日と2008年7月31日にそれぞれ全部改正が行われている。倫理指針に関しては厚生労働省のホームページから入手が可能なので，常に最新のものを入手するよう心がけてほしい。

4. 臨床研究の生命倫理の歴史

　第二次世界大戦の際に，人体実験のために多くの尊い命が犠牲になったのを受け，1947年に「ニュルンベルク綱領」が定められた（巻末資料4）。これは10項目からなり，臨床研究を行う際に遵守すべき事項が定められている。これにより，初めてヒトが被験者となる臨床研究に対して被験者の同意が必要となった。次に，1964年には世界医師会が「ヘルシンキ宣言」を制定し，いかなる臨床研究に対しても，研究に関わる被験者全員に対して，説明を受ける権利と，本人の意思による同意が必要であることが定められた。また被験者全員が拒否をする自由があることも定められた。その後，インフォームドコンセントや人権運動などのさまざまな運動の影響を受けることとなる。日本でも日本医師会の生命倫理懇談会の報告書（1990年）などを経，2003年に臨床研究の倫理指針（厚生労働省）の制定となった。

5. インフォームドコンセント（informed consent: IC）

　「治療に関するIC」と「研究で用いるIC」も考え方はまったく同じである。つまり，研究の被験者全員には研究内容に関してしっかりと説明を受ける権利があり，研究に参加するか否かの判断は自分の自由な意思で選択できる。逆に，研究者は被験者に対して説明を怠ってはいけないし，被験者の権利を保障しなければならない。

6. 個人情報の保護

　臨床研究のすべてのデータは，氏名などの固有名詞や本人が特定できるイニシャル，またはその他の情報などを含まない形にしなければならない。代わりにその個人と関わりのない符号または番号を付すことになる。これを**匿名化**といい，臨床研究のすべてのデータは匿名化した状態で保管しなければならない。ここでいう個人情報とは，特定の個人を識別できる情報と定義されるが，**個人識別符号**，**要配慮個人情報**も含まれる。

表 12-1　用語の定義の見直し

改正個情法等	定義（概要）	該当例
個人識別符号	特定個人の身体の一部の特徴を電子計算機の用に供するために変換した文字，番号，記号その他の符号であって，当該特定の個人を識別することができるもの	・ゲノムデータ[※1]の全部又は一部 等 （生体情報をデジタルデータに変換したもの等）
要配慮個人情報	本人の人種，信条，社会的身分，病歴，犯罪の経歴により害を被った事実その他本人に対する不当な差別，偏見その他の不利益が生じないようにその取扱いに特に配慮を要する記述等が含まれる個人情報	・個人情報に病歴が含まれるもの ・ゲノム情報[※2] 等
匿名加工情報 （非識別加工情報）	措置を講じて特定の個人を識別することができないように個人情報を加工して得られる個人に関する情報であって，当該個人情報を復元することができないようにしたもの	・個情法施行規則に定める基準に従って作成等行ったもの

※1 ゲノムデータ……塩基配列を文字列で表記したもの
※2 ゲノム情報……塩基配列に解釈を加えて意味を有するもの

　2017年の改正個人情報保護法（改正法）の施行により，文部科学省・厚生労働省・経済産業省は『個人情報保護法等の改正に伴う研究倫理指針の改正について』を発表した。この中に，個人情報の取扱いについて用語定義の見直しがされている（表12-1）。
　また，匿名化に関する見直しもされている。保管するデータは全て完全匿名化されていなければならないが，完全匿名化をする際に必要な対応表の定義がなされている。

・**完全匿名化**（図12-1）

　データはデータ番号のみで振り分けられ，いずれの研究者または被験者も個人を特定することが不可能な匿名化をいう。
　たとえば，コンサート会場で，退場の際に無記名でアンケートを取った場合，図のように最初から誰も本人を特定することはできない。

・**対応表**

　匿名化された情報から，必要な場合に研究対象者（提供者）を識別することができるよう，当該研究者と匿名化の際に置き換えられた記述等とを照合することができるようにする表その他これに類するものを対応表という。

例えば，数名の被験者の筋力を二日間で合計2回計測する場合，一日目のデータと二日目のデータを連結させるために研究主任者は対応表が必要になる。しかし，連結後は対応表が必要なくなるので対応表を処分する。最終的に個人が特定できない形になったものは完全匿名化されたデータとなる（図12-2）。また，長期間にわたって経時的な変化を観察する場合は連結後も対応表の保管が必要になる。この場合は，別で定められた方法で研究責任者が，データと別の鍵のかかる場所で保管管理することになっている（図12-3）。

No.	性別	来場回数	年齢	満足度
1	男	1	40	65
2	女	5	50	45
3	男	3	30	85
4	女	2	40	36
5	女	2	50	47
6	女	6	30	86
7	男	2	40	95
8	男	1	50	48
9	女	4	30	53
10	男	2	40	58
11	男	5	50	18
12	女	5	30	29
13	女	1	40	85

図 12-1　完全匿名化

対応表

No.	氏名
1	庄本
2	田平
3	森岡
4	今北
5	峯松
6	福本
7	高取
8	松尾
9	冷水
10	前岡
11	瓜谷
12	岡田
13	松本

データ

No.	身長	体重	年齢	1回目	2回目	平均
1	170	60	40	65	84	74.5
2	175	65	50	45	69	57
3	165	55	30	85	25	55
4	170	60	40	36	78	57
5	175	65	50	47	59	53
6	165	55	30	86	63	74.5
7	170	60	40	95	18	56.5
8	175	65	50	48	49	48.5
9	165	55	30	53	24	38.5
10	170	60	40	58	59	58.5
11	175	65	50	18	43	30.5
12	165	55	30	29	60	44.5
13	170	60	40	85	48	66.5

対応表を用いて連結し，連結後は対応表を処分する。

図 12-2　対応表

データ			
No.	1回目	2回目	平均
1	65	84	74.5
2	45	69	57
3	85	25	55
4	36	78	57
5	47	59	53
6	86	63	74.5
7	95	18	56.5
8	48	49	48.5
9	53	24	38.5
10	58	59	58.5
11	18	43	30.5
12	29	60	44.5
13	85	48	66.5

一年後の筋力は…?

対応表

No.	氏名
1	庄本
2	田平
3	森岡
4	今北
5	峯松
6	福本
7	高取
8	松尾
9	冷水
10	前岡
11	瓜谷
12	岡田
13	松本

データ			
No.	1回目	2回目	平均
1	58	64	61
2	46	18	32
3	10	60	35
4	97	29	63
5	64	14	39
6	82	90	86
7	91	45	68
8	48	48	48
9	68	25	46.5
10	29	29	29
11	17	94	55.5
12	15	18	16.5
13	50	35	42.5

対応表とデータは別の場所で保管管理

図12-3　対応表の保存が必要な場合

7. 倫理審査

　ヘルシンキ宣言15項では，研究が行われる前に研究計画書を研究倫理委員会に諮り，承諾を得ないといけないことになっている。また，臨床研究に関する倫理指針（厚生労働省，2003）にもヘルシンキ宣言に則った倫理審査委員会の設置に関する記載がある。

　この研究倫理委員会は，研究者やスポンサーおよびその他のあらゆる不適切な影響から独立したものでなくてはならない。

　臨床研究を行う場合は，この倫理審査委員会に研究内容を諮る必要がある。一般的に倫理審査委員会には以下の書類を提出し，適正に研究が計画されているかを審議してもらう。

　①倫理審査申請書　倫理審査委員会は申請書式を準備する必要がある。
　②研究計画書　研究の計画が詳細に記されている必要がある。
　③説明文　実験計画が被験者にわかりやすいような文章で記されている必要がある。

④同意書　説明文による説明事項の一つずつに対して，説明があったことをチェックし，自署サインによる同意を得ることになる。

⑤その他の必要書類　上記以外にも，実験による評価項目の説明など，必要な書類。

倫理審査委員会は被験者を守ることは当然であるが，一度，研究計画を承認すると，適正な験者も守ることとなり，研究自体を保障することとなる。

一緒に考えよう！

1. 臨床研究をする場合に，倫理審査が必要な理由を，験者側と被験者側の立場に立って考えてみましょう。
2. 研究内容を事前に伝えることで，結果に影響を及ぼすような研究手法（盲検法）を実施する際に配慮すべきインフォームドコンセントはどのようなものだと思いますか？
3. あなたが定期健康診断を受けた後に，研究機関からデータ提供を求められとします。データを提供してもよいと思う基準は何ですか？

引用文献

新村　出（編）(2008).広辞苑 第六版　岩波書店
尾藤誠司（著）　福原俊一（監修）(2008).いざ，倫理審査委員会へ　NPO法人健康医療評価研究機構
塩野　寛・清水惠子 (2010).生命倫理への招待　改訂4版　南山堂

13 脳科学の生命倫理

はじめに

　脳を可視化する技術が開発されることによって，脳機能の理解が飛躍的に進んだ。たとえば，人間が何かの課題に取り組んでいたり，何らかの感情を抱いていたりするとき，脳の中ではどのような現象が起きているか比較的鮮明にわかるようになってきた。この技術の発展に後押しされるように，本邦においていわゆる「脳ブーム」が起こったことは記憶に新しい。

　こうした脳科学の進歩や普及に伴って二つの倫理的問題が指摘されている。一つは個人脳の解読である。たとえば，個人脳の働きが第三者に容易に観察され，ある線引きのもとその脳の働きが標準的な活動でないと判断された場合，差別問題にも発展する危険性がある。もう一つは「脳を鍛える」という視点のもと，薬物や機器などを用いて人間の脳に手を加えようとする問題である。科学の発展とともに薬効や技術向上が進めば，それにより自己だけでなく他者の感情や行動を操ることも可能になってしまう。

　個人の脳の中には「私自身」の意識が存在する。脳科学の進歩はその私自身の意識（自己意識）を揺るがす可能性を秘めている。したがって，脳科学研究を実践するにあたっては，そうした倫理的問題を十分に把握しておく必要がある。

1. 脳科学における倫理的問題の概要

　脳科学における倫理的問題は生物学の範疇を超えた主に工学分野との融合がすすめられることで生じてきた。その一つは，個人の意識や道徳的観念を**脳機**

能イメージング装置から盗み見ようとする問題である。今後，脳機能イメージング装置の精度が上がり，それが一般社会に容易に応用されてしまうと自己の心の中のイメージが他者に盗み見される問題を引き起こしかねない。こうした問題はプライバシー侵害に抵触する可能性がある。一方，薬物や機器によって必要以上に身体や知能を高めようとする倫理的問題も存在する。いわゆる脳科学を用いた必要以上の**エンハンスメント**（enhancement）といえる。これは薬物エンハンスメントだけでなく，脳に刺激を与えて興奮させたり抑制させたりする機器エンハンスメントも含まれる。さらには，社会やメディアが必要以上にあおり，脳神話をつくりだすことも倫理的問題といえよう。そもそも心の問題を取り扱う脳科学において，すべての人間の脳を同一にとらえることは難しい。それを一律で語ることで視聴者を洗脳してしまうリスクをもつ。

2. ニューロエシックスとは何か

　ニューロエシックス（neuroethics：脳神経倫理学）とは，人間の脳を治療したり，その脳を完璧にしようとしたり，望ましくない侵襲を加えたり，危ない操作を加えたりすることについて，何が正しく何が間違っているか，何が良いことで何が悪いことかを検討する学問である（美馬，2010）。現代では「人間の脳に対する治療やエンハンスメントの是非を論じる哲学の領域」と定義づけられている（Illes, 2003）。

　現在のところ，ニューロエシックスは生命倫理の下位分野として認識されているが，身体の中でも脳のみがこのように細分化して取り扱われている理由としては，脳機能そのものが自由意志，自発的行為，自己感覚，罪悪感，道徳心，そして責任といった人間の機能の倫理的問題やその判断の核心であるからである。

3. マインド・リーディングとプライバシー

(1) マインド・リーディングとは

　「空気を読む」という比喩に代表されるように，人間は他者の言動や表情，

そしてしぐさ等から，その個人の感情や思考，あるいは意図をある程度読み取ることができる。他者コミュニケーションを円滑にすすめるためには，他者の心を類推し，本音と建前を読み取りながら，次の言動や行動を選択することが重要である。しかしながら，脳科学の観点から，この人間の主観的側面がすべて客観化されてしまえば，どれだけ息苦しい社会になってしまうであろうか。脳の内面がすべて読み取られてしまう装置が開発され，それが一般社会に導入されてしまえば，他者に知られたくない心の状態をすべて知られてしまう恐れがある。こうした脳画像から心の内容を読み取ろうとする一連の研究を総称して「マインド・リーディング」あるいは「ブレイン・リーディング」と呼び，好みや態度，さらには嘘の推測を行う手段として注目されている。

　一方，意識はそれなりにしっかりし，ある程度覚醒しているが，全身麻痺から自己の身体を自由意志にて動かすことができないために，外界からは本人の意志や思考の有無，そしてその内容の確認がしづらい病状がある。こうした病状を閉じ込め症候群（Locked-in syndrome）と呼ぶ。こうした閉じ込め症候群の方に対して，脳科学を応用したコミュニケーションツールの開発は，双方向性の意思疎通に役立てることができるかもしれない。しかしながら，すべての思考の内容が読み取られることになれば，知られなくてもよい思考が他者に知られることになり，それは逆にコミュニケーションを阻害する恐れがある。

　近年，マインド・リーディングの中でもデコーディング法（Kamitani & Tong, 2005）と呼ばれる研究手法が開発されたが，これは被験者が見ている線の傾きを一次視覚野の活動から予測できるというものである。現在のところ，一次視覚野の活動からの復号化であり，線の傾き程度の再現になるが，今後，たとえば側頭連合野の活動などが復号化することが可能になれば，想像している形や像までが再現できてしまうであろう。

(2) マインド・リーディングによる倫理的問題

　マインド・リーディングが一般化されると個人がもっている偏見が表に出てしまう。たとえば，ある集団に対して偏見を抱く人々に対して，その集団のメンバーの顔写真を見せた際，不快情動をつくりだす扁桃体が反応することがわかっている（Phelps et al., 2000）。意識のうえでは偏見はもたないと意思表

示しても，情動を起こす脳領域は反応している事実が外部から観察されてしまう。一方，脳機能イメージング装置を利用すれば，ある文脈において，その個人が共感的態度を有しているか，他者に協力的な態度をとるか，その逆でかなり強い利己的意識をもっているか判別できる。こうした検査が企業採用時の適性検査に導入されてしまえば，プライバシー侵害にもつながってしまう。さらには，犯罪や暴力傾向等の問題行動の事前予測にも用いられることが可能になるとともに，被告にとって意図的に不利（あるいは有利）な裁判を行うために，脳機能イメージング装置のデータから，被告に対して偏見をもっている人（もっていない人）を陪審員に選出することもできよう。つまり，明らかに公平性を失う裁判となる危険性もある。

マインド・リーディング手法には，「脳指紋法（Brain Fingerprinting）」と呼ばれる技術がある（Garland, 2007）。これは脳波の事象関連脳電位（P300[1]と呼ばれる認知機能に関わる波形抽出）を記録する方法である。たとえば，犯人だけが知っている犯行現場の写真や犯行に関わった物品などを容疑者に見せ，そのときのP300出現の有無を記録する。この際，容疑者はすべて知らないと回答したとしても，犯行に関わる事象を見た際にP300が認められれば，その嘘を暴くことができる。アメリカではすでに装置開発だけでなく，これを販売する会社まで設立されている。

さらには，先に示したように刑事事件の被告において，軽度な脳機能の違いが脳機能イメージング装置によって発見された場合，それがもとで再犯の危険性が高まると断定されてしまい，その者の更生の機会を失わせてしまう可能性も考えられる。また法廷における証言者の証言においても脳指紋法が導入されれば，証言者自身の曖昧な記憶や誤認についても罰せられてしまう可能性がある。その一方，現在，容疑者の責任能力を問う方法として精神鑑定が行われているが，それだけでなく脳鑑定をプラスすることで，容疑者そもそもの脳の器質的障がい（ある特定領域の萎縮等）を客観化できる可能性がある。いずれにしても，これらは刑事責任を問う場合を対象にしたものであり，一般的な責任能力を問うような適正範囲を拡大化してしまうと新たな差別をつくりかねない。

---

1) 各種感覚刺激後約250〜500msecで出現する脳波陽性電位のこと。

マインド・リーディングは「脳死問題」に対しても影響を及ぼす可能性がある。現在，脳死判定基準の主眼は身体の自律的機能（呼吸，血圧，心拍等）を司る脳幹死に置かれている。しかしながら，脳機能イメージング装置の発展とともに，高次脳機能（言語，認知，学習，意識）といった人間を人間たらしめる機能を司る領域がまったく反応していないことが確認されれば，人間の死と位置づけられる可能性がある。すなわち，いわゆる「植物状態」はすべて死であると脳死の定義が変化することも想定される。脳死判定基準は歴史的に変遷してきたが，文化や宗教によっても心の取り扱いが異なるため，細心の注意を払う必要があろう。

いずれにしても，脳機能イメージング装置を利用したマインド・リーディングは，意思表示ができない障がいをもった人々に対してコミュニケーションの媒体として価値を有するが，その一方で，それが横行し，他者の信念を客観化し，その個人の人格や性格を数値化してしまう恐れがある。

4. サイボーグとブレイン・マシン・インターフェイス

人間は自由意志をもって行動する主体であるからこそ，自己の行動に対して倫理的責任を問うことができる。果たして，他者の意思決定を外部から操作できるであろうか。そうしたことを問題提起した研究成果がある。

リベット（Libet, 2005）により発表された脳実験は，そのインパクトから今なお論争がたえない。彼は被験者に手首の運動を自由意志に基づいて行わせた際の筋活動と脳活動を記録した。その結果，実際の運動に先立って脳活動が起こった。これは運動の準備電位と呼ばれている。この際，自己の意識的な意欲が先で，その後，脳の準備電位が起こったと一般的には考えてしまうが，この実験では意識的な意欲よりも先に脳の準備電位が始動するという結論に至った。この研究は今なお賛否があるが，その後，さまざまな研究者の追試験あるいは類似実験によって同じ脳内現象が確認されている。

この現象を延長させて考えてみると，自己の意識的な意欲を外部刺激によって作動させることが可能ではないかという視点が生まれる。人間の自由意志が脳活動によって生み出されるのであれば，それに対応する脳領域を作為的に興

奮させることで，外部から個人の自由意志を操ることが可能となり，サイボーグ化できるという問題が生まれる。近年，ラットの行動を脳に直接的に電気刺激し，遠隔地からそれを制御した報告（Talwar et al., 2002）もみられるように，近い将来，サイボーグ化問題は実際的なニューロエシックス問題として取り上げられるべき内容である。

　パーキンソン病は中脳黒質のドーパミン神経細胞の変性によって起こる大脳基底核の機能不全であるが，最近，**脳深部刺激療法**（Deep Brain Stimulation; DBS）によって大脳基底核の活動を変化させることで，運動障がいの回復等に効果がみられることが報告されている。こうした技術は神経調節（neuromodulation）テクニックと総称されている。これはうつ病や強迫神経症等の精神疾患にも適用されており，それにより感情を安定させる効果が示されている。こうした技術開発は，医療における効果検証の反面，機器のオン・オフによって，人間の行動や感情を外部から操作できる手法が近い将来生まれることを暗示している。

　一方，脳科学の進歩ならびにそれに付随する技術の進歩に伴い，ブレイン・マシン・インターフェイス（Brain-Machine Interface: BMI）という技術が生まれた。これは文字通り人間の脳と機器をつなぐ技術である。たとえば，BMIを用いて脳の運動関連領域の活動をリアルタイムに読み取ることできれば，それとつながった車いすや義手を動かすことができる（図13-1）。さらには，道具（義手）の操作といった出力系だけでなく，義手に生じる感覚を脳に伝達する入力系との連動を図ることで，さらに精緻な動作を可能にする技術が開発されつつある。

　こうしたBMIの究極的なものが，自分に変わる義体の操作である。技術的には初期段階であるが，本邦においても脳波で動かせるロボット，いわゆる**アンドロイド**の製作が進んでいる。また近年では人工知能（Artificial Intelligence: AI）とBMI技術の連動を目的として，研究開発が盛んにおこなわれはじめている。

　このような発展的なBMIの開発は運動障がいを有する者にとって生活を補助する役割を担うものとなるが，その一方で，アンドロイド（身体）が倫理的に間違った行動をとった場合，あるいは強要された意識や精神心理に問題があ

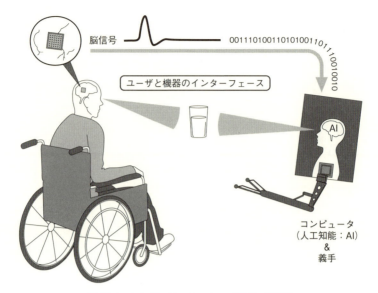

図 13-1　Brain-Machine interface（BMI）の概要
手足が不自由な方（ユーザー）の手の運動に関連した脳活動を脳機能イメージング装置から読み取り，その信号をコンピュータ（人工知能：Artificial Intelligence, AI）にリアルタイムに転送し，それとつながっている義手を動かし作業し，その時の感覚をユーザにフィードバックするといった模式図。

る意識，さらには未成年の未熟な意識によって生まれた自由意志に基づいてアンドロイドが問題行動を起こした場合，果たしてそれを操作した人間（脳）を罰したり，律したりすることができるか。こうした心身問題に対して比較的早急な法制度の整備が必要である。

5. ブレイン・エンハンスメント

　エンハンスメントは「健康の回復と維持を超えて，能力や性質の改良を目指して人間の心身の仕組みに生物医学的に介入すること」と定義されている（生命環境倫理ドイツ情報センター，2007）。脳科学においては「身体的エンハンスメント」「認知的エンハンスメント」「道徳的エンハンスメント」と機能的な側面から分ける場合と，「薬物エンハンスメント」「機器エンハンスメント」と介

入手段の側面から分ける場合がある。

(1) 薬物エンハンスメント

　薬物エンハンスメントとしてよく知られているのが，スポーツ選手のドーピングである。これはホルモン分泌に作用する薬や集中力を高める薬によって身体運動の成績を向上させようとする問題であるが，昨今，認知的エンハンスメントとしても利用されつつある。注意や集中，あるいは記憶などの仕組みや，それに関与する神経伝達物質の働きが明確になってきたことがその背景にある。薬物は**神経伝達物質**の働きに作用する。俗にいう「頭の良くなる薬」を総称してスマートドラッグと呼ぶが，その典型がリタリン（物質名：メチルフェニデート）である。神経伝達物質の活性を高めるリタリンは，そもそも**注意欠陥多動性障がい**（Attention Deficit/ Hyperactivity Disorder: ADHD）の症状緩和を目的した薬物である。しかしながら，試験を控えた学生等が，インターネット経由でリタリンを入手し，それを利用して集中力を高めたり，成績を上げようとする治療目的以外のケースが出現してきている（Farah et al., 2004）。現代は自らの容姿といった外面を美容整形によって容易に変えてしまう社会でもある。外面だけでなく，自己責任のもと内面を強化する意味で認知的エンハンスメントが横行してしまうことも予想される。努力によって得た能力でなく，薬物によって得た効率的な能力，そしてそれが美容整形手術のように当たり前になれば，格差はより広がり，競争社会が激化してしまう可能性が考えられる。

　一方，薬物エンハンスメントは，認知症者に対して記憶力の維持・増強させる手だてとして考えられている。一見，認知症者に対する投与は治療として肯定されるべきと判断されるが，自己の認識まで奪われた重傷例においては，その投与に関して自己決定する能力をもたない。すなわち，インフォームドコンセントの問題に抵触してしまう。昏睡状態の患者の治療を家族がやめると判断して安楽死させるケースと形は違えども類似している。さらには，抗うつ剤に代表される薬物は，人間の感情に影響を与えてしまうが，病気とは関係なく感情や気分を容易に変えてしまうことが起これば，道徳的エンハンスメントの様相を示してしまう。取りたてて，認知的側面と道徳的側面の両者の操作は，その個人の人間性すら変化させてしまう危険性がある。

(2) 機器エンハンスメント

　意図的に脳内に電流を誘発する脳科学技術の開発に伴い，それを臨床応用する報告が多数みられている。経頭蓋磁気刺激（Transcranial magnetic stimulation: TMS）（図 13-2）と経頭蓋直流刺激（Transcranial direct current stimulation:tDCS）がその代表的な技術である。TMS は局所的磁場パルスの急激な変化によって脳内に電流を誘発する技術であり，tDCS は頭皮面にプラスとマイナスの電極を貼りつけ，直接的に弱い電流を流す技術である。両者とも神経細胞の活動を刺激するが，これらはうつ病などの精神疾患の治療や脳卒中のリハビリテーションに用いられている医療技術でもある。しかしながら，その根拠となる神経メカニズムは明確化されていない。TMS は tDCS に比べ歴史的に古いことから，これまで診断目的から治療目的まで幅広く研究が実践されてきた。最近では，反復経頭蓋磁気刺激（Repetitive transcranial magnetic stimulation: rTMS）を用いた研究報告も多く，これは神経細胞を促通する技術でなく，過興奮を抑制する技術として注目されている。病気によって起こった運動障がい，認知障がい，そして精神障がいを来したケースがこうした技術によって回復するといった報告が多数みられている。一方で，TMS や rTMS はてんかん発作のリスクが考えられているが，てんかん患者や薬物投与を受けている患者を除いては極めてそのリスクは少ないことが示されている。

　近年の研究では，健康な脳に対して rTMS を用いて**長期増強**や**長期抑圧**とい

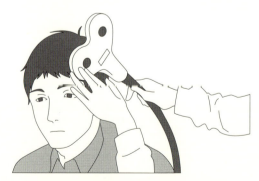

図 13-2　経頭蓋磁気刺激（TMS）の概要
コイル（電磁石）を頭部に当て刺激する方法。図では左脳の感覚運動野を刺激し，右の身体の運動を誘発している。

った神経可塑性のメカニズムが調べられている。これはうつ病，認知症，パーキンソン病などの治療に影響する知見を得るためには重要な科学的研究として認識されているが，その一方で，その刺激が繰り返されることで被験者の脳がどのように変化するか，たとえばその場では一過性に認知機能が上がったとしても，将来的にその刺激の影響によって発作が出現したり，人格に影響を与えてしまうかもしれないなど未知の部分が多い。つまり，一過性に正の効果をもたらしたとしても，将来的にそれがどう変化するかの責任を十分に負うことができないわけである。

こうした脳刺激療法の精度が向上すると，より明確に機能回復がみられるかもしれない。しかしながら，感情や気分を機器で操作したり，認知機能を高めたりすることが，真の自己であるといえるであろうか。他方，他者から機械的に感情を操作される危険性も秘めている。問題は機能改善の代償として，その個人の感情や自己意識に深い影響を及ぼし，人格の一部あるいは大半を変化させ，それが恒久的なものとなってしまった場合，それに関して誰が責任をとり，そのことに関して世間は受容できるかということである。TMS等の神経調節による可塑性の誘導は，それ自体が異常行動を引き起こすといった諸刃の剣でもある。なぜなら，人間の意識はある局所の神経活動のみで生まれるわけではない。したがって，どこかに刺激が与えられ，その神経活動が修飾されてしまえば，遠隔地に対しても神経ネットワークを通じて何らかの影響を与えてしまう可能性がある。

おわりに

最後に公共的言説とメディア暴力の倫理的配慮について示しておきたい。少し前まで多くのメディアがこぞって脳科学を取り上げた。それは，ある課題で脳が活性化したとか，ある食事をとると脳の活性化が変化したといったように，課題や食事が万人に効果を示すといったシナリオである。

このように多くのメディアが脳科学を取り上げたり，多くの視聴者が脳科学を意識したりする背景には，それは脳がまぎれもなく「私自身」をつくりだしている物質であるからであろう。そして，それはもっと私自身を磨きたい，も

っと他者（他者の脳）と円滑なコミュニケーションをとって，幸せな生活を築きたいといった人間がもつ欲求の結果であると思われる。しかしながら，個性という言葉に代表されるように，「私自身」の存在が唯一無二であるならば，それを生み出す脳活動も唯一無二である。一つ一つの神経細胞の構造や機能は同じであっても，それが連関し合って作り出す感情や自己意識は同じでない。したがって，脳が活動したという結果は，「何に対して何が活動を変化させたのか」といった相対的な解釈を行わなければならない。ここにも情報を提供する側，そして視聴する側の倫理的態度が必要になる。

　いずれにしても，人間自身が脳について知れば知るほど，脳を支配できるようになり，脳を操作する方法も増えていくことが予想される。近い将来，これはとても深刻な問題となる可能性があり，工学的技術の発展とともに早急なニューロエシックスの整備が必要であろう。将来的にはこれが生命倫理の根幹になるかもしれない。

一緒に考えよう！

1. 脳科学の進歩により，人間の脳の働きを可視化できるようになっています。他人の脳の活動を読み取ることの是非について，どのように考えますか？

2. 人間の脳に電気などの刺激を与え，神経細胞の活動を高めることが治療として行われはじめています。健康な個人の脳の活動を物理的に外からの刺激で高めることの是非について，どのように考えますか？

引用文献

Farah, M. J., Illes, J., Cook-Deegan, R., Gardner, H., Kandel, E., King, P., Parens, E., Sahakian, B., & Wolpe, P. R. (2004). Neurocognitive enhancement: What can we do and what should we do? *Nature Review Neuroscience, 5,* 421-425.

Garland, B. (Eds.) (2004). *Neuroscience and the Law*. Dana Press.（古谷和仁・久村典子（訳）(2007). 脳科学と倫理と法　みすず書房）

Illes, J. (2003). Neuroethics in a New Era of Neuroimaging. *American Journal of Neuroradiorogy, 24,* 1739-1740.

Kamitani, Y., & Tong, F. (2005). Decoding the Visual and Subjective Contents of the Human Brain. *Nature Neuroscience, 8,* 679-685.

Libet, B. (2004). *Mind Time*. Cambridge, MA: Harvard University Press.（下條信輔（訳）(2005). マインドタイム―脳と意識の時間― 岩波書店）

美馬達哉 (2010). 脳のエシックス―脳神経倫理学入門 人文書院

Phelps, E. A., O'Connor, K. J., Cunningham, W. A., Funayama, E. S., Gatenby, J. C., Gore, J. C., & Banaji, M. R. (2000). Performance on indirect measures of race evaluation predicts amygdala activation. *Journal of Cognitive Neuroscience, 12,* 729-738.

生命環境倫理ドイツ情報センター（編）(2007). エンハンスメント―バイオテクノロジーによる人間改造と倫理 知泉書館

Talwar, S. K., Xu, S., Hawley, E. S., Weiss, S. A., Moxon, K. A., Chapin, J. K. (2002). Rat navigation guided by remote control. *Nature, 417,* 37-38.

14 動物実験における生命倫理

1. 動物実験とは

　本書では主に大学等における動物実験について述べる。動物実験とは，動物を教育，試験研究又は生物学的製剤の製造の用その他の科学上の利用に供することをいう。

2. 実験動物とは

　実験動物とは，研究，検定，診断，教育などの科学上の目的のために作られ，合目的に維持，繁殖，供給される動物である（光岡ら，1991）。マウスとラットが主に使用され，マウス約953万匹，ラット約136万匹が飼育されている（2009年6月1日時点）。使用数は1970年代をピークとして漸減傾向にある（社団法人日本実験動物学会資料）。マウス，ラットの寿命は系統によるが2～3年であり，単純計算だが彼らの1日はヒトの30日に相当することになる。マウス，ラットはDNAの全塩基配列が決定されており，エクソン部分ではヒト－マウス間では90％，ヒト－ラット間で88％，ラット－マウス間でも92％の相同性がある（中釜ら，2007）。施設の環境統御，微生物統御と実験動物の遺伝統御に関する配慮は実験動物の生理機能に影響して，実験結果の再現性や信頼性に深く関わる。

3. 動物実験の適正な実施のために

実験動物の福祉向上に関して日本では，動物の愛護及び管理に関する法律（昭和48年法律第105号）第41条において，動物実験等に関する理念である3R（後述）の規定が盛り込まれており，実験動物の飼養・保管については，実験動物の飼養及び保管並びに苦痛の軽減に関する基準（平成18年環境省告示第88号）と，動物の殺処分方法に関する指針（平成19年環境省告示第105号）が，動物実験の適正化については，研究機関等における動物実験等の実施に関する基本指針（平成18年文部科学省告示第71号）と，共通のガイドラインとして動物実験の適正な実施に向けたガイドライン（平成18年，日本学術会議）が策定されている。動物実験の実施機関等が各々責任をもって自主的に管理し，実施すべき事柄であるとして，次の事項が定められている。

① 機関内規程の策定
② 動物実験委員会の設置（多分野にわたる専門家によって構成される）
③ 教育訓練の実施
④ 動物実験計画書の審査（承認または却下）
⑤ 自己点検・評価及び検証
⑥ 情報公開

現在EU各国では，動物実験を行うには実験者に動物実験免許の取得を義務付け，動物実験計画を審査して許可を与えるなど国家や行政が深くかかわる方式をとっている。米国では実験動物の飼育に関しても実験動物研究協会（ILAR）がケージの広さなどを数値化した指針が策定されていて，国家の査察制度を含めた研究機関の自主管理方式をとっている。日本も枠組規制と自主管理を組み合わせており，北米型である（鍵山，2010）。

4. ヒトと動物の歴史

かつてデカルト（Descartes, 1637）は動物たちには精神がなくて，自然が動

物たちのうちで諸器官の配置にしたがって動いていると主張した。しかし人間と動物の心的連続性はダーウィン（Darwin, C. R.）によって立証され（Darwin, 1871），中枢神経のメカニズムが解明されると，動物も痛みを感じ，意識をもっていることが科学的に理解されるようになった。こうした思想の変化を受けて，19世紀後半の欧州で動物実験反対運動や畜産動物保護運動が盛んになった。英国では脊椎動物を対象とした動物虐待防止法（1876）が成立し，実験動物のケアと管理ハンドブックが出版され（1947），脊椎動物の苦痛や不快を排除することが重視されるようになった。また，ラッセルとバーチ（Russell & Burch, 1959）が3つの原則（後述）を提示し，イギリス議会は「5つの自由」を定めた（1964）。これらは現在，全世界に広く普及し受け入れられている。

　動物の取扱いについて，倫理的な判断は人間が行っている。その判断基準は国，宗教，文化，時代によって異なり，さらに個人で主観は大きく異なる。また，家畜や伴侶動物など人と動物の関係も影響して，動物の生命倫理は多様性をもつ（池本ら，2013）。しかし，動物が言葉で苦痛や感情を表現できないことから，人間が優れているとして彼らを下等動物と呼んで，彼らの命や苦しみ（恐怖や痛み）を軽視しても良いという理由にはならない（本書1章1.（2）参照）。

5. 動物実験の倫理―3R

　ラッセルとバーチは，実験動物が言葉で表現することでその苦しみを大幅に削減できないがために，彼らを軽蔑するどころか，特別な配慮をもって論理的に扱うべきである。また，動物実験において最も人道的（humane）な処置が，好結果をもたらすために欠かせないことであり，非人道的（inhumane）な行為によって結果が曖昧になったり不満足なものになるという報いをうけると，述べている。1952年の調査では，イギリスでは主に，診断と毒性試験を含む生物検定のために動物実験が行われていた。妊娠診断のAscheim-Zondek検査ではマウスの皮下にヒトの尿を投与する，結核の診断ではモルモット（結核菌に高感受性）にミルクやヒト由来試料を接種するのだが，前者で尿毒症による死亡例や，後者で未使用の飼育動物が過半数死亡した例，接種物質の汚染による死亡例があった。こうした事例は飼養管理の欠陥や実験手技の拙劣なために

もたらされた偶発的な非人道性であり，実験の意図とは異なる死である。しかし，3Rの原則を取り入れることによりこれらの非人道性は削減，または除去できると彼らは主張した。

① Replacement（置換え）

生きている意識ある脊椎動物を用いる方法に代わって，意識のない材料を用いる方法をいう。相対的置換えとは麻酔下の動物をそのまま安楽死させる方法をいい，絶対的置換えとは実験動物の代わりに植物，微生物，単離細胞，コンピュータシミュレーションなどを使用することをいう。

図14-1　ウィリアム・ラッセルとレックス・バーチ

② Reduction（削減）

得られるデータの確実性と信頼性を損なわない範囲で実験に用いる動物の数を減らすこと。

③ Refinement（苦痛軽減）

慎重な実験計画と高い技術によって実験を上手に行い，使用される動物に与える苦痛を最小限に削減すること。

6. 動物の苦痛，人道的エンドポイント

動物が苦しみを感じるということは，意識がある状態をさし，たとえば外科処置における全身麻酔によって解放される。しかし，痛みは苦しみの唯一の源ではない。その他の明らかな主な原因は恐怖と闘争であると，ラッセルとバーチは続けて述べている。そのため，痛みは恐怖で増強される。丁寧なハンドリング，馴化で動物が感じる痛みは増強されることはなくなる。動物の苦痛の程度は摂餌・摂水量や毛づくろいの頻度など，日常の観察によって推し量ることもできるが，国際的には実験処置の内容によって割り当てられたSCAW (Scientists Center for Animal Welfare) の**苦痛分類**を用いており，計画書の審査において，cost-benefit analysis に基づいて検討される。cost は動物の価格

や価値のことではない。動物が被る苦痛をさす。benefit は実験動物の場合，研究の目的・意義と動物実験の必要性のことである。

承認された計画書に基づいた動物実験であっても，実験中に実験動物が激しい苦痛を伴う場合は，死亡するまで実験を続けるのではなく，鎮静剤，鎮痛剤では軽減できないような苦痛から解放するための安楽死処置を施すタイミング（**人道的エンドポイント**）を適用する。その目安は摂餌・摂水困難，苦悶の症状（自傷行動，異常な姿勢，呼吸障害，鳴き声など），回復の兆しが見られない長期の外見異常（下痢，出血など），急激な体重減少（数日間で20％以上），腫瘍サイズの著しい増大（体重の10％以上）などがある。

人道的エンドポイントが適用され，安楽死処置を行う際にも苦痛に配慮し，できる限り殺処分動物に苦痛を与えない方法を用いて，意識の喪失状態にしてから，心機能または肺機能を非可逆的に停止させる方法によると，動物の殺処分方法に関する指針に定められている。

また，マウス，ラットのグリマススケール（Grimace Scale）が報告されており，炎症を惹起する物質を投与した彼らの目の細める程度，鼻や頬のふくらむ程度，耳の動き，ひげの向きによって苦痛の尺度が定められている（Sotocinal et al., 2011）（図 14-2）。

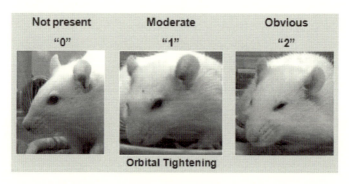

図 14-2　ラットのグリマススケール（Sotocinal et al., 2011）

7. 科学者の倫理

　ノーベル生理学・医学賞のほぼ95％が動物実験に関する研究成果によるものであるといわれており（池本ら，2013），3Rの原理を用いて減少するとしても，今後も動物実験は生命科学研究に不可欠であると思われる。

　ヒトで年齢，性別，身長，体重，飲酒・喫煙の程度，運動量，感染症その他の疾患の有無等，種々の実験条件を均一にするのはほぼ不可能である。たとえ，ヒトで全ての食生活，環境を統一したとしても，長期になれば相当なストレスとなり得る。あるいは，ある物質の致死率を確認する実験をヒトで行うことも不可能である。それを可能にする実験動物は実験者にとって何者にも代え難い大切な存在である。この貴重な生命の資源を無駄にしないよう3Rの原則では動物を用いない方法を第一に検討する（Replacement）。第二に，不要な繰り返しを避ける（Reduction）こと，第三に，やむを得ず動物を使う場合は，costを上回るbenefitであることと，じゅうぶんに苦痛に配慮して人道的エンドポイントを設定しておく（Refinement）のである。実験中の彼らの飼育環境を豊かにする環境エンリッチメントとしてシェルターや巣作素材をげっ歯類に提供することも，もはや最近のことではない（Reinhardt & Reinhardt, 2006）。

　国内外の学術雑誌の投稿規定の多くは動物実験の場合，3Rに配慮しているかは当然のこと，各機関の委員会で承認されたことを明記するよう定めるようになった。前述の法律，指針等の枠組みもある。日本の動愛法も各国同様，改正が積極的に行われることとなった。実験者が自身の道徳心と向き合い自律して，実験動物を大切に思い大切に扱うことで全ての実験技術は，より人道的に工夫できる。その結果，再現性の高いデータが得られ，これを公表することもReductionにつながり，研究者の説明責任，社会への透明性の確保ともなる。実験動物とともに，徳をのばし，知をみがく。その結果，動物実験は美をもつくり得る。最後にラッセルとバーチの言葉を引用しておこう。

> The greatest scientific experiments have always been the most humane and the most aesthetically attractive, conveying that sense of beauty and elegance which is the essence of science at its most successful.

> **一緒に考えよう！**
>
> 1. 動物（実験動物に限らない）に対して何が人道的であり何がそうでないのか，どのように考えますか．
> 2. 人に強いられた環境で生活する動物（実験動物に限らない）について，動物の立場になって考えてみましょう．
> 3. 実験動物（非終生飼養である産業動物も同様）の福祉について，今後の展望をどのように考えますか．

引用文献

Darwin, C. R. (1871). *The descent of man, and selection in relation to sex*. London: John Murray.
Descartes, R. (1637). *Discours de la méthode*. (谷川多佳子（訳）(1997). 方法序説　岩波書店)
池本卯典・吉川泰弘・伊藤伸彦 (2013). 獣医倫理・動物福祉学　緑書房
鍵山直子 (2010). 動物愛護管理法における3R原則の明文化と実験動物の適正な飼養保管　日本獣医師会雑誌, *63*, 395-398.
光岡知足・浪岡茂郎・輿水　馨・前島一淑 (1991). 獣医実験動物学　川島書店
中釜　斉・城石俊彦・北田一博 (2007). マウス・ラットなるほどQ&A　羊土社
日本学術会議 (2006). 動物実験の適正な実施に向けたガイドライン
Reinhardt, V., & Reinhardt, A. (2006). *Variables, refinement and environmental enrichment for rodents and rabbits kept in research institutions*. Animal Welfare Institute.
Russell, W. M. S., & Burch, R. L. (1959). *The principles of humane experimental technique*. London: Methuen. (笠井憲雪（訳）(2012). 人道的な実験技術の原理　アドスリー)
SCAW (Scientists Center for Animal Welfare) (1987). *Categories of biomedical experiments based on increasing ethical concerns for non-human species*. (国立大学動物実験施設協議会 (2004). 動物実験処置の苦痛分類に関する解説)
Sotocinal, S. G., Sorge, R. E., Zaloum, A., Tuttle, A. H., Martin, L. J., Wieskopf, J. S., Mapplebeck, J. C., Wei, P., Zhan, S., Zhang, S., McDougall, J. J., King, O. D., & Mogil, J. S. (2011). The Rat Grimace Scale: A partially automated method for quantifying pain in the laboratory rat via facial expressions. *Molecular Pain, 7*, 55.

教育に関する生命倫理

児童虐待と生命倫理

1. 児童虐待とは

(1) 児童に対する最大の人権侵害

　児童虐待は，児童に対する最大の人権侵害であり，その心身の成長や人格の形成に重大な影響を与えるものである。また児童虐待は，児童にとって最も身近な，世界中で一番愛されていいはずの親から受ける理不尽な行為であるがゆえに，問題は深刻である[1]。

　2000年（平成12年）に制定された「児童虐待の防止等に関する法律」（以下，児童虐待防止法）の第3条では，「何人も，児童に対し，虐待をしてはならない」と謳っている。また，わが国が1994年（平成6年）に批准した「児童の権利に関する条約」は，世界的な視点から児童の人権の尊重，保護の促進を目指したものである。その第19条に，監護を受けている間における虐待からの保護，第34条に，性的搾取・性的虐待からの保護，などが明記されている。

　しかし，児童を取り巻く現状はどうであろうか。保護者から日常的に虐待を受け，生きづらさを抱えながら生活している児童が増え続けている。また，児童虐待による死亡事例も，決して少なくない状況にある。

(2) 児童虐待の定義

　児童虐待防止法の第2条では，「この法律において，「児童虐待」とは，保護者（親権を行う者，未成年後見人その他の者で，児童を現に監護するものをい

---

1) この章で使用する「児童」とは，児童福祉法第4条に規定する満18歳に満たない者をいう。

う。以下同じ。）がその監護する児童（十八歳に満たない者をいう。以下同じ。）について行う次に掲げる行為をいう」として，次の4種類に分類している。

【身体的虐待（第1号）】 殴る，蹴る，投げ落とす，激しく揺さぶる，やけどを負わせる，溺れさせる，首を絞める，縄などにより一室に拘束する，など。

【性的虐待（第2号）】 児童への性的行為，性的行為を見せる，性器を触る又は触らせる，ポルノグラフィの被写体にする，など。

【ネグレクト（第3号）】 家に閉じ込める，食事を与えない，ひどく不潔にする，車の中に放置する，重い病気になっても病院へ連れて行かない，など。

【心理的虐待（第4号）】 言葉による脅し，無視，きょうだい間での差別的扱い，児童の目の前で家族に対して暴力をふるう，など。

2. 統計からみた児童虐待の現状

(1) 児童相談所における児童虐待相談の状況

厚生労働省のまとめ（平成28年度福祉行政報告例の概況）によると，2016年（平成28年）度に全国の児童相談所の窓口で対応した児童虐待に関する相談状況は，以下の通りである。

①児童虐待相談対応件数の推移

2016年（平成28年）度中に児童相談所が対応した児童虐待相談の対応件数は122,575件で，前年度に比べ19,289件（18.7％）増加している。1999年（平成11年）度から，2016年（平成28年）度までの児童虐待相談対応件数の推移をみると，年々増加の一途にある（図15-1)[2]。

②種類別対応件数

相談の種類別にみると，「心理的虐待」が63,186件（51.5％），「身体的虐待」が31,925件（26.0％），「ネグレクト」が25,842件（21.1％），「性的虐待」が1,622

---

[2] 増加の要因として，国による児童虐待対策の強化，児童相談所全国共通ダイヤルの3桁化（189）の広報，マスコミ報道等により，国民や学校等関係機関の児童虐待への意識が高まったことに伴う通告の増加が考えられる。これは相談対応件数の増加であって，実数の増加とは限らない。

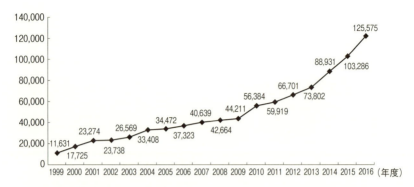

注：2010 年度の件数は，東日本大震災の影響により，福島県を除いて集計した数値である。

図 15-1　児童相談所での児童虐待相談対応件数の推移（厚生労働省，2017 を一部改変）

件（1.3％）であった。

③主な虐待者別構成割合

主な虐待者は，「実父」が 38.9％，「実父以外の父」が 6.2％，「実母」が 48.5％，「実母以外の母」が 0.6％，「その他」が 5.8％であった。

④虐待を受けた児童の年齢別対応件数

「0～2 歳」が 23,939 件（19.5％），「3～6 歳」が 31,332 件（25.6％），「7～12 歳」が 41,719 件（34.0％），「13～15 歳」が 17,409 件（14.2％），「16～18 歳」が 8,176 件（6.7％）であった。

(2) 児童虐待による死亡事例

厚生労働省内に設置された「社会保障審議会児童部会児童虐待等要保護事例の検証に関する専門委員会」では，児童虐待による死亡事例等の検証結果等について，2005 年（平成 17 年）の第 1 次報告よりこれまで毎年公表している。2017 年（平成 29 年）8 月に公表された第 13 次報告では，厚生労働省が都道府県等に対する調査により把握した，2015 年（平成 27 年）4 月 1 日から 2016 年（平成 28 年）3 月 31 日までの間に発生し，または表面化した児童虐待による死亡 72 事例（84 人）を対象としている。このうち，心中以外の虐待死事例は 48

例（52人），心中による虐待死（未遂を含む）事例は24例（32人）であった。

心中以外の虐待死に関する分析は，以下の通りである。

①死亡した児童の年齢は，0歳が30人（57.7%）と最も多く，特に，0歳のうち月齢0か月児が13人（43.3%）と高い割合を占めた。

②虐待の種類は，身体的虐待が35人（67.3%），ネグレクトが12人（23.1%）。直接の死因は，「頭部外傷」「頸部絞厄による窒息」が各8人（17.4%）で最も多かった[3]。

③主たる加害者は，「実母」が26人（50.0%）と最も多く，次いで「実父」が12人（23.1%），次に「実母と実父」が5人（9.6%）であった。

④加害の動機（複数回答）としては，「保護を怠ったことによる死亡」が6人（11.5%）と最も多く，次いで「しつけのつもり」「子どもの存在の拒否・否定」「泣き止まないことにいらだったため」が5人（9.6%）であった。

⑤実母が抱える問題（複数回答）として，「予期しない妊娠／計画していない妊娠」が18人（34.6%）と最も多く，次いで「妊婦健診未受診」が17人（32.7%），「若年（10代）妊娠」が13人（25.0%）であった。

⑥乳幼児健康診査の受診状況では，「3～4か月児健診」の未受診者が4人（14.8%），「1歳6か月児健診」の未受診者が4人（23.5%），「3歳児健診」の未受診者が4人（40.0%）であった[4]。

⑦養育者（実母）の心理的・精神的問題等では「養育能力の低さ」が20例（41.7%），「育児不安」が12例（25.0%）であった。

養育能力の低さとは，子どもの成長発達を促すために必要な関わり（授乳や食事，保清，情緒的な要求への応答，子どもの体調変化の把握，安全面への配慮等）が適切にできない場合としている。

3. 児童虐待の背景と被虐待児童に及ぼす影響

(1) 児童虐待の背景

児童虐待は，どこの家庭でも起こり得る問題であるといわれているが，実際

---

[3] この割合は「不明・未記入」とした回答を除いた数を合計数として算出した有効割合。
[4] この割合は「不明・未記入」とした回答を除いた数を合計数として算出した有効割合。

に虐待事例を分析すると，以下のようなさまざまなリスク要因が，複合的に重なって起こると考えられている。

【保護者側の要因】 望まない妊娠による出産，精神疾患，強い抑うつ状態，アルコール依存，薬物依存，攻撃的・衝動的な性格傾向，被虐待体験，育児能力や育児姿勢に問題（自覚欠如，未熟性）。

【児童側の要因】 低体重児など医療を必要とする状態で出生した場合，障がいのある児童，育てにくい児童，施設等への入退所の繰り返し。

【家庭内の要因】 夫婦間の不和，配偶者の暴力（ドメスティック・バイオレンス：DV），生計者の失業や転職の繰り返し等で経済的に不安定，未婚を含むひとり親家庭，内縁者や同居人がいる家庭，子連れの再婚家庭，病人や要介護高齢者を抱えており育児負担が大きい，地域社会からの孤立家庭（転居を繰り返している，親族・友人・近隣との交流を拒否，家庭訪問等をしてもわが子に会わせない，国際結婚などで地域に溶け込めない，妊婦健診や乳幼児健診の未受診）。

(2) 児童虐待が児童に及ぼす影響

児童虐待は，時には児童の生命を奪うことさえある。たとえ死亡に至らなくても，それが心の傷（トラウマ）となり，思春期，青年期，大人になってからも社会生活を送るうえでの大きなハンディとなり，顕著な不適応行動を表す場合が少なくない。児童虐待が児童に及ぼす影響として，以下のことが考えられる。

【身体面への影響】 最悪の場合死亡に至る，身体的障がい（頭蓋内出血，火傷，骨折，その他），栄養失調や愛情不足などによる発育障がい。

【精神面への影響】 フラッシュバック（過去の出来事があたかも再体験するように不意に湧き上がってくること），**解離状態**，情緒不安定，**愛着障がい**，パニックや衝動的行為（感情の表現をコントロールができない），自己評価が低い（自分は必要とされない価値のない人間だ），精神発達の遅れ。

【行動面への影響】 非行（家出，万引き，性的逸脱行為，その他），リストカット，アルコール依存，薬物依存，摂食障がい，睡眠障がい，自殺念慮，わが子に虐待を繰り返す可能性。

4. 児童虐待支援の今後の課題

(1) 児童虐待の発生予防

　児童虐待の支援で何よりも重要なことは，虐待が発生する前に支援の手を差し伸べて，予防策を講じることである。そのためには，虐待に至るリスクの高い望まない妊娠に悩む妊婦に対して，身近に相談できる体制を整え，経済的支援制度や，わが子を育てられない場合の養育支援制度（里親や養子縁組の制度，児童福祉施設への入所・通園等）についての情報提供が必要である。また，妊婦健康診査，乳幼児健康診査，予防接種等を受けていない家庭を把握するとともに，養育支援を必要とするハイリスクの家庭に対しては，関係機関等と連携しながら，切れ目のない支援が必要である。児童虐待の発生予防にあたっては，医療や母子保健分野の果たすべき役割が，今後ますます大きくなることが予想される。

　医療や母子保健分野とともに，学校教育分野における児童虐待の発生予防に向けた取り組みも，今後の重要な課題である。児童虐待防止法第5条3項に「学校及び児童福祉施設は，児童及び保護者に対して，児童虐待の防止のための教育又は啓発に努めなければならない」とある。児童虐待の発生予防は，学校教育においても重要なテーマと位置付け，児童に対して，よりよく生きること，自分自身（自分のいのち）を大切にすること，すべての「いのち」を尊重することの重要性を教える必要がある。なぜなら，多くの児童は保護者から日常的に受けている理不尽な行為について，自分が悪いからだと思っており，それが虐待行為であることを知らないことが多いからである。保護者といえども，それは人権侵害行為であり許されないことを，児童や保護者に教えなければならない。

　鈴木（2009）は，「学校教育における虐待予防教育を人権教育，自立教育，親になるための教育の3点から捉えてみたい。これらはいずれも『いのちの教育』の重要なテーマ・視点であり，家庭科教育が関わる教育内容としても位置づけることができる」と，指摘している。

(2) 児童虐待の早期発見・早期対応

　児童の心の発達にとって大切なことは、自分は親から愛され受け入れられている、という安心感と信頼感である。市川（2012）は、「このような自己に対する『自己の存在への信頼感』は、すなわち、何かあったら、あるいは不安な時は必ず親が守ってくれるという感覚が醸成され、自分は何とかなるという漠然とした自己自信が生まれてくるものと考えられる。子どもたちは両親から保護され、愛されて成長し、かつ親から『見捨てられない』という安心感を得ることで、その気持ちを拠り所に社会生活を営む礎石を築くものであり、『自己の生』に対する自負心が芽生えてくるものと思われる」と述べている。

　ところが、被虐待児童の多くは、親からの愛情体験が乏しいために、こうした「自己の存在への信頼感」が育ちにくい養育環境下に置かれている。児童虐待の支援で大切なことは、そうした児童の心の育ちの異変に早く気付き、不適応行動や虐待が深刻化する前に早期対応を図ることである。そのためには、**児童虐待防止法（第６条）**の通告義務や通告先についての広報や啓発に、さらに積極的に取り組む必要がある。

　市川（2012）は、医師としての立場から「医療機関は１回の受診という機会での短い時間で診断と対応を求められるわけで、その診断・対応精度は高くなければならない。そういう観点において、医療機関に求められている、児童虐待の知識、診断技術、対応能力はきわめて高いものと考えられる。この点を小児医療関係者は常々認識して、日頃の診療にあたる必要が求められている。傷病の状態や家族の言動に惑わされることなく、いかに、子どもらしい、健康的な発育発達を、その子どもが行えているかを見極める能力と判断が、児童虐待症例を看過しないために、最も必要なことと考えられる」と述べている。

　このことは、医療機関のみならず学校教育や児童福祉施設現場にも同じことがいえる。今、こうした現場に求められていることは、児童虐待の知識、児童の発信する SOS に気付く能力、児童や保護者それに関係機関との対応能力である。小林（2004）は、「虐待は子どもが自ら相談することがめったにないし、問われても否認するものであるために、教師自らが早期に気づくことが求められ、そのためには知識を持つことが不可欠である。しかし、それ以外に、子どもが自ら相談できるようになる環境作りも重要である」と指摘している。

今後，学校教育や児童福祉施設現場が特に力を入れる必要があるのは，児童虐待の中でも，その対応が遅れている性的虐待を受けた児童への取り組みである。その理由は，性的虐待を受けて大人になった被害者の多くは，心の傷が一生涯にわたり深く残り，それが精神面や行動面に表れることが多いからである。それに，性的虐待を受ける児童の多くは小中学生である。学校が取り組まないことには，早期発見は不可能である。児童相談所の窓口で受ける性的虐待に関する相談対応件数は，氷山の一角で，実際にはさらに多いものと考えられる。訓覇（2006）は，「児童虐待に対する世間の関心が高まったとはいえ，性的虐待の多くは未だに家庭内での密室の出来事から脱していない。その理由として，他の虐待に比べて外部からは判断しにくく，本人が訴えない限りなかなか分かりにくい，といった問題がある」と指摘している。また，奥山（2004）は，「子どもが性的虐待を打ち明けるのは学校の担任や養護教諭が多く，（中略）その発言をしっかり受けとめ『皆で貴方を守る』ことを十分に伝える必要がある」と述べている。

　被害に遭う可能性の高い小中学生が，傷ついた心をさらに傷つけられる（二次被害）ことのないように，安心してSOSを発信できる環境を，どのように整えていくかが，今後の重要な課題である。

(3) 児童の保護・支援，保護者支援

　児童虐待支援の究極の目標は，いったん保護者のもとから離された児童が，再び家庭に戻り，安心して保護者と一緒に生活できる環境を整えることである。児童虐待支援の現状は，どうであろうか。法的な整備もあり，被虐待児童を親元から分離・保護するところまでは何とかできるようになった。しかし，その後の虐待を受けた児童に対する心のケアや虐待をした保護者に対する支援など，家族再統合に向けた取り組みはまだまだ不十分で，多くの課題を抱えている。

　中でも今後の重要な課題の一つとして，児童相談所と市町村の相談体制の充実があげられる。特に児童相談所の窓口では，これまで，押し寄せる虐待通告への窓口対応に追われ，児童の心のケアや保護者支援に対して十分な時間が取れなかったことも一要因として考えられる。家族再統合に向けた実践の積み重

ねができるような専門性の確保と，体制整備が急務である。

以前，筆者が児童相談所で，ある被虐待児童と面接していたときに言った彼の言葉が忘れられない。「どうして僕が施設に入らんとあかんの？　僕に悪いことしたのはお父ちゃんや。お父ちゃんが施設に入ったらいいのや」。

私たちは，児童の「いのち」を守るという名のもとに，親元からの分離・保護を行っているが，児童虐待の支援にあたって常に忘れてならないことは，児童の視点を疎かにしていないかどうか，ということである。

一緒に考えよう！

1. 毎年，多くの子どもたちが親等から虐待を受けて亡くなっています。児童虐待による死亡を未然に防ぐための支援のあり方について，どのように考えますか？
2. 児童虐待が子どもの成長過程に及ぼす影響について，どのように考えますか？
3. 児童虐待の支援にあたっては，発生予防とともに，早期発見・早期対応が重要です。このことについて，学校教育や児童福祉施設の現場で果たすべき役割を，どのように考えますか？

引用文献

市川光太郎（2012）．児童虐待への対応（1）医療の側から　家永　登・仁志田博司（編）シリーズ生命倫理学第7巻　周産期・新生児・小児医療　丸善　pp.170-187．
小林美智子（2004）．わが国の経過と教育現場への期待　教育と医学，52（10），4-15．
厚生労働省（2017）．子ども虐待による死亡事例等の検証結果等について（第13次報告）の概要，1-2．
訓覇秋麿（2006）．児童虐待への援助　畿央大学紀要，4，43-49．
奥山眞紀子（2004）．わが国の性的虐待の実態と対応　教育と医学，52（10），16-27．
鈴木真由子（2009）．「いのちの教育」の視点から　岡本正子・二井仁美・森　実（編）教員のための子ども虐待理解と対応　生活書院　pp.117-129．

16 子どもの自殺とその予防

　1998年に年間自殺者数が3万人を超えて以来，自殺は日本社会の大きな問題と認識されるようになった。近年でも過労による会社員の自殺やいじめによる子どもの自殺などの報道を目にする。本章では子どもの自殺に関する状況や特徴を統計資料から確認し，子どもの自殺対策や自殺予防の留意事項をまとめる。

1. 日本における自殺の状況

（1）自殺者の年次推移

　図16-1は，1978年から2016年までの自殺者総数と19歳以下の自殺者数の年次推移を表す。自殺者総数が3万人を超えた1998年から約10年は横ばいだ

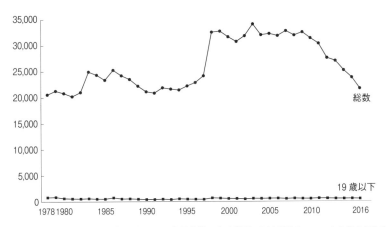

図16-1　全自殺者数および19歳以下の自殺者数の年次推移（厚生労働省，2017から筆者が作成）

ったが，2006年に自殺対策基本法が制定されるなどさまざまな対策が施され，2010年頃から減少しはじめ，2016年には自殺者総数が21,897人になっている。

ただし，19歳以下に限れば大きな変化がない。2016年の520人はここ10年ほどで最も少ない。しかし，**自殺死亡率**（人口10万人当たりの自殺者数）でみると，総自殺者では2010年に27.0であったのが2016年に24.5に減少したのに対し，19歳以下の自殺者では2.3から2.4と横ばいである（厚生労働省，2017）。さらに，中学生と高校生に限れば，1990年代初頭から自殺死亡率は上昇し続けているとも報告されている（文部科学省，2014）。

(2) 年代別にみた死因

19歳以下の自殺者は全体の2.4%ほどであり，大きな問題に映らないかもしれないが，それは大きな誤解である。表16-1は，2015年の自殺者の死因上位3位までを，年代別にまとめたものである。自殺は，10〜14歳で第2位，15〜19歳で第1位となっている。小学校中学年以降，自殺は子どもの死因として非常に大きな割合を占めるのである。

表16-1 2015年の年代別の死因順位（厚生労働省，2016を一部改変）

年齢(歳)	第1位 死因	死亡者数	死亡率	第2位 死因	死亡者数	死亡率	第3位 死因	死亡者数	死亡率
0	先天奇形等	708	70.4	呼吸障害等	247	24.6	乳幼児突然死症候群	93	9.2
1〜4	先天奇形等	157	3.8	不慮の事故	108	2.6	悪性新生物	68	1.6
5〜9	悪性新生物	100	1.9	不慮の事故	87	1.7	先天奇形等	31	0.6
10〜14	悪性新生物	107	1.9	自殺	88	1.6	不慮の事故	74	1.3
15〜19	自殺	446	7.6	不慮の事故	289	4.9	悪性新生物	147	2.5
20〜24	自殺	1051	17.5	不慮の事故	364	6.1	悪性新生物	176	2.9
25〜29	自殺	1230	19.5	悪性新生物	323	5.1	不慮の事故	304	4.8
30〜34	自殺	1398	19.6	悪性新生物	654	9.2	不慮の事故	354	5.0
35〜39	自殺	1572	19.2	悪性新生物	1284	15.7	心疾患	512	6.2
40〜44	悪性新生物	2845	29.5	自殺	1982	20.5	心疾患	1139	11.8
45〜49	悪性新生物	4516	52.5	自殺	1964	22.8	心疾患	1743	20.2
50〜54	悪性新生物	7759	98.3	心疾患	2547	32.3	自殺	2007	25.4
55〜59	悪性新生物	13117	175.1	心疾患	3414	45.6	脳血管疾患	2171	29.0

(3) 子どもの自殺の原因・動機

表16-2は，19歳以下，小学生，中学生，高校生別に自殺の原因をまとめたものである。19歳以下で最も多いのが学校問題，次いで健康問題，家庭問題となっている。学校に関する問題は，子どもにとって大きいことが確認できる。

小学生では家庭問題が最多である。その6人の内訳をみると，家族からのしつけ・叱責が3人，親子関係の不和が2人と，家族の影響の大きさがわかる。中学生や高校生では学校問題が最多となる。その内訳は，進路や成績などの学業関連が中学生で26人，高校生で52人と共に半数以上を占める。それに比べると，教師との人間関係，いじめ，学友との不和といった人間関係に起因するものは中学生で11人，高校生で10人と学業関連より少ない。報道などではいじめや親子関係の不和による自殺が取り上げられやすいが，それ以上に学業に関する悩みで自殺することの方が多いことがわかる。

ただし，これは自殺後に遺書や遺族等からの聞き取りを行い，そこから推定された原因・動機である。言い換えれば，その推定が誤っている可能性もあり，解釈には留意が必要である。

表16-3は，詳細な自殺の原因・動機について，中学生と高校生の男女別に上位5項目まで載せたものである。中学生男子では家族関連が上位に1つある

表16-2 19歳以下，小学生・中学生・高校生別の自殺の原因・動機
(厚生労働省，2017より筆者が作成)

	19歳以下	小学生	中学生	高校生
家庭問題	93（52：41）	6（3：3）	24（11：13）	45（25：20）
健康問題	109（61：48）	0	13（8：5）	50（26：24）
経済・生活問題	11（10：1）	0	0	4（3：1）
勤務問題	29（25：4）	0	0	0
男女問題	45（30：15）	0	3（1：2）	22（15：7）
学校問題	151（104：47）	3（3：0）	40（27：13）	73（48：25）
その他	55（37：18）	0	11（5：6）	19（14：5）
合計	493（319：174）	9（6：3）	91（52：39）	213（131：82）

注：（）内の値は男女別の人数を示す（男：女）。
　　遺書等により原因・動機が推定できたもので集計されている。
　　自殺者一人につき最大3つまで計上されている。

表16-3 中学生と高校生における男女別での自殺の原因・動機の上位5項目
(厚生労働省, 2017より筆者が作成)

中学生			
男子		女子	
家族からのしつけ・叱責	15%	親子関係の不和	13%
学業不振	15%	家族からのしつけ・叱責	10%
入試に関する悩み	12%	その他の精神疾患	10%
その他進路に関する悩み	10%	その他学友との不和	10%
うつ病	6%	その他家族関係の不和	8%
いじめ	6%	学業不振	8%
		孤独感	8%
		その他(その他)	8%

高校生			
男子		女子	
学業不振	13%	うつ病	11%
その他進路に関する悩み	10%	その他の精神疾患	11%
その他の精神疾患	8%	その他進路に関する悩み	11%
親子関係の不和	8%	親子関係の不和	11%
うつ病	6%	その他家族関係の不和	6%
		失恋	6%
		その他(学校問題)	6%

が，それ以外では学業関連が3つ並ぶ。それに対して中学生女子では，家族や友人関連が多い。高校生男子では学業関連が上位に2つ並び，それに家族関連や精神疾患関連がつづく。高校生女子では，精神疾患関連が上位に並び，次いで家族関連や恋愛関連が入っている。以上から中高生全般では，男子は学業に関するもの，女子は人間関係に関するものが多いといえる。また，女子は年齢が上がるにつれて精神疾患に関するものが急増する特徴がある。

(4) 自殺を誘発しやすい外的要因

一般的に自殺は3月と5月に多いが（厚生労働省，2017），子どもの場合はどうか。図16-2は，1972〜2013年の42年間で自殺した18歳以下の子ども18,048人について自殺日別に集計したものである。40〜60人の日が多い中，9月1日前後がそれを顕著に上回っている。また，4月初旬から中旬にかけて，

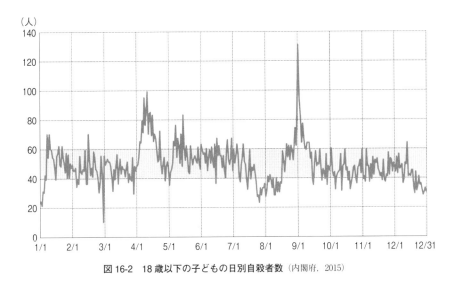

図 16-2　18 歳以下の子どもの日別自殺者数 (内閣府, 2015)

5月初旬から中旬にかけてもそれを上回る日が続いている。共通点は，春休み明け，ゴールデンウィーク明け，夏休み明けといった大型連休明けということである。年度が変わる前後だけでなく，ゴールデンウィーク明けにも注意が必要といえる。夏休みに注目すると，7月下旬から8月中旬までは自殺者数が40名を下回る日が続くが，9月1日をピークに急増している。学業関連や友人関連の悩みであれば，夏休み中はそこから解放されて少し元気が戻るのかもしれない。しかし，夏休み期間が長く楽であった分だけ，反動として学校再開への不安や悩みが大きく膨らみ，9月1日をピークに自殺者が増えるのかもしれない。程度は小さいが，年末年始にも同様の傾向がうかがえる。

　また，他者の自殺に影響されて連鎖的に起こる自殺を「**群発自殺**」というが，子どもは特に群発自殺を起こしやすい。図 16-3 は，中学生と高校生の自殺者数と自殺率を示すものである。1979 年，1986 年，1994 年は，いじめによる子どもの自殺やアイドル歌手の自殺が起きて大々的に報道された年であり，その前後の年に比べて値が大きくなっている。実際に，それらと類似した手段や場所での若者の自殺が増えたことも報告されている（高橋，2008）。

166　16　子どもの自殺とその予防

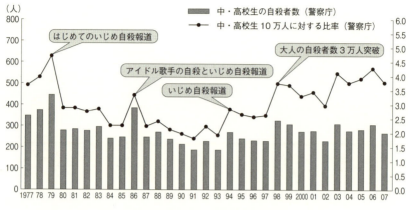

図16-3　中学生・高校生の自殺者数・自殺率と自殺報道（文部科学省，2009）

2. 自殺予防

(1) 我が国の取り組み

1998年に年間自殺者が3万人を超えたことを契機に国としての取り組みが本格化し，2006年6月には**自殺対策基本法**が制定された。その後もさまざまな調査や対策が行われ，2016年には自殺対策基本法の改正も行われた。

子どもの自殺予防に関しては，文部科学省を中心に行われている。表16-4はその主な経緯である。2006年に「児童生徒の自殺予防に向けた取組に関する検討会」が設置され，その後もさまざまな有識者会議や調査が行われ，自殺予防の3段階に対応する3つの成果物が公開されている。

(2) 自殺予防の3段階

自殺予防は，事前対応（プリベンション），危機介入（インターベンション），事後対応（ポストベンション）の3段階がある（髙橋，2008）。事前対応は，具体的な危機的状況がなくても，自殺が起きる要因を取り除いたり，自殺予防教育を広く行ったりするなどの一次予防のことである。危機介入は，具体的な危機的状況にある人の早期発見と早期対応を目指す二次予防である。事後対応は，不幸にも自殺が起こった際に，そのことで周囲の人が受ける影響をできる

表 16-4　文部科学省による子どもの自殺予防の主な取り組みと公開された成果物

		自殺予防の段階
2006	児童生徒の自殺予防に向けた取組に関する検討会　設置	
2007	子どもの自殺予防のための取組に向けて（第1次報告）　提出	
2008	児童生徒の自殺予防に関する調査研究協力者会議　設置	
2009	「教師が知っておきたい　子ども自殺予防」　公開	危機介入
2010	「子どもの自殺が起きたときの緊急対応の手引き」　公開	事後対応
2014	「子供に伝えたい自殺予防―学校における自殺予防教育導入の手引き」　公開	事前対応

だけ小さくし，群発自殺や後追い自殺を防ぐための三次予防である。

表16-4の通り，文部科学省の成果物はこの3段階に対応していて，誰でも文部科学省のホームページからダウンロードして閲覧できる（2017年5月現在）。本章では事前対応と危機介入の一部しか紹介できないが，子どもに関わる者は各成果物を読んで詳細をぜひ自分で確認してほしい。

(3) 事前対応（プリベンション）[1]

予防において最も重要なのは事前対応である。なぜなら，危機的状況の発生自体を減らすことが最大の自殺予防になるからである。自殺の事前対応となる自殺予防教育の目的には，子どもが自分のメンタルヘルスを考える機会をもつことや，自殺に関する誤った／不適切な情報や思い込みを訂正することが挙げられるが，ここでは子ども自身が他の子どもの危険的状況に気づき，然るべき人間に知らせるゲートキーパーになることをとりあげる。

中学生や高校生は他の年代に比べて自殺未遂が多く，死にたいと考えたことがある者も 20 〜 30％程度はいるとされる（阪中，2005）。また，思春期の子どもの相談相手は，保護者や教師よりも友人になることが圧倒的に多く，実際に友人から死にたいと打ち明けられた者も 20％にのぼる（阪中，2008）。以上のことから，自殺予防教育は，その子ども自身だけでなく，その周りの子どもの自殺予防にもつながると考えられる。

なお，自殺予防教育がかえって子どもに自殺を意識させないかと懸念される

---

[1] 文部科学省（2014）を参照。

こともある。しかし，自殺予防教育が自殺を誘発することはないとの結論が示されている（高橋，1995；和田，2009）。ただし，その内容は非常にデリケートであり，自殺予防教育を実施する際は，①関係者間の合意形成，②適切な教育内容の準備，③自殺のリスクがある子どもへのフォローアップ，の3つの前提条件を十分に検討する必要がある（文部科学省，2014）。

(4) 危機介入（インターベンション）[2]

次に，早期発見および早期対応のためのポイントを抜粋して紹介する。
①自殺に追いつめられる子どもの心理

自殺は何の前触れもなく突発的に起こるものではなく，徐々に危険な状態に近づいて生じるものと考えられる。換言すれば，自殺以外に苦しみをなくす方法がない，と思い至った結果が自殺といえる。自殺者に共通しやすい心理状況として，「誰も助けてくれない」という強い孤立感と，「自分なんて生きていても仕方がない」という無価値観に襲われ，「なぜ自分がこんな目にあわなければいけないのか」と他者や社会に怒りを抱くこともあるが，「この苦しみは永遠に続くだろう」と絶望的になり，自殺以外にこの苦しみから逃れる方法はない，と思い至ることとされている。

②自殺直前のサイン

自殺の直前には，言動に一定の変化が表れるといわれる。表16-5は，その具体例である。

これらのサインは，自殺のリスクがない子どもが示すこともよくある。しかし，何らかの危機を示唆することには変わりなく，それを見逃さないことが自殺も含めて広く子どものサポートになる。また，前提として子どもの普段の様子を把握できていることも重要である。普段の様子と比べて異なる点があれば，それは危機を示すサインである可能性が高いと考えられる。

③対応の原則

自殺のリスクがあることに気づいた時は，その子どもに直接的に関わる必要がある。また，子どもから死にたい気持ちを打ち明けられる場合もある。対応

---

2) 文部科学省（2009）を参照。

表 16-5　自殺の直前にみられるサインの一例（文部科学省，2009 を一部抜粋・改変）

態度	生活・人間関係
・物事への興味を失う	・身体不調（不眠，食欲不振など）
・注意力や集中力がなくなる	・怪我を繰り返す
・不安やイライラが強まる	・身だしなみが乱れる
・投げやりになる	・アルコールやタバコの摂取
自殺関係	・乱れた性行為に及ぶ
・自殺をほのめかす	・年下の子や動物をいじめる
・自傷行為をする	・友人と関わらなくなる
・自殺の道具を用意する	・登校しなくなる
学業面	・家出
・成績が急に落ちる	・身辺整理
・いつもできる課題ができない	・重要な他者を失う（特に自殺で）

する側にも不安が生じる場面となるが，子どもから話を聞く際の対応の原則として TALK の原則がある。

　Tell：心配していることを言葉に出して明確に伝える
　Ask：「死にたい」気持ちについて率直に尋ねる
　Listen：絶望的な気持ちを傾聴する（否定したり，安易に励まさない）
　Keep safe：安全を確保する（一人にしない，他者の応援を求める）
　④体制づくり

　危機的状況にある子どもへの対応は，それを発見したり相談を受けた者一人が抱え込んだりするのではなく，チームとして対応することが重要である。一人で抱え込むと，子どもに振り回されやすくなったり，ひどく落ち込んだり無力感を味わったりして，適切な対応ができなくなることも多い。危機にある子どもを支えるため，また，その子どもを支える側をサポートするためにも，常にチームとして対応できる体制をつくることが望ましい。

　校内でいえば，管理職（校長・副校長・教頭），学級担任，生徒指導主事，教育相談主任，保健主事や養護教諭，スクールカウンセラー，学校医，といった複数の立場の者で構成することが望ましい。また，校外の専門機関との連携も重要である。病院，児童相談所，教育相談所，保健所，精神保健福祉センター，警察など，校外の専門機関にも必要に応じて連携することが望ましい。

> **一緒に考えよう！**
>
> 1. 自殺者総数は年々減少しているのに，19歳以下の子どもの自殺は減っていない，むしろ中高生では増えているとの報告もあることについて，どのように考えますか？
> 2. 春休み明け，ゴールデンウィーク明け，夏休み明けに子どもの自殺が多いことについて，どのように考えますか？
> 3. 担任や養護教諭などが個人としてできる子どもの自殺予防について，どのような具体策が考えられますか？
> 4. 学校や施設などが組織としてできる子どもの自殺予防について，どのような具体策が考えられますか？

引用文献

厚生労働省（2016）．平成27年人口動態統計月報年計（概数）の概況 〈http://www.mhlw.go.jp/toukei/saikin/hw/jinkou/geppo/nengai15/〉

厚生労働省（2017）．平成28年中における自殺の状況 〈http://www.mhlw.go.jp/stf/seisakunitsuite/bunya/hukushi_kaigo/shougaishahukushi/jisatsu/jisatsu_year.html〉

文部科学省（2009）．教師が知っておきたい子どもの自殺予防 〈http://www.mext.go.jp/b_menu/shingi/chousa/shotou/046/gaiyou/1259186.htm〉

文部科学省（2010）．子どもの自殺が起きたときの緊急対応の手引き 〈http://www.mext.go.jp/component/a_menu/education/detail/__icsFiles/afieldfile/2016/11/11/1304244_01.pdf〉

文部科学省（2014）．子供に伝えたい自殺予防（学校における自殺予防教育導入の手引）〈http://www.mext.go.jp/b_menu/shingi/chousa/shotou/063_5/gaiyou/1351873.htm〉

内閣府（2015）．平成27年版自殺対策白書　勝美印刷

阪中順子 2005 学校における自殺予防―自殺未遂生徒へのポストベンション　現代のエスプリ，455，107-116．

阪中順子（2008）．中学生の自殺予防　現代のエスプリ，488，88-99．

高橋祥友（1995）．アメリカにおける青少年の自殺予防教育　現代のエスプリ別冊「いじめ自殺」　至文堂　pp.110-120．

高橋祥友（2008）．新訂増補青少年のための自殺予防マニュアル　金剛出版

和田香織（2009）．カナダの死生学とデス・エデュケーション　現代のエスプリ，499，53-62．

17 発達障がいと生命倫理

はじめに

　この十数年，わが国では発達障がいをめぐるマクロシステムが動いている。2004年制定「発達障害者支援法」では，「基本的人権を享有する個人としての尊厳にふさわしい日常生活又は社会生活を営むこと」を目的としており，この法において，発達障がいの「定義」，ならびに早期発見とともに包括的で切れ目のない支援などについて定められた。以降，「学校教育法」改正，「障害者基本法」改正，「障害者自立支援法」改正（障害者総合支援法へ），そして，「障害者差別解消法」などが制定され，発達障がいのある子どもに対する教育的支援や福祉的支援が具現化してきた。

　今日，生活場面では，共生社会，発達支援，療育，特別支援教育，民間での支援サービスなどへの具体的取り組みがみられる。それに織りなされながら，医学や心理学の知見などをとりいれた発達障がいに関する知識，アセスメントの方法や支援・指導方法について学ぶ機会も増えた。メディアの影響も大きい。そして，発達障がいという言葉も支援も身近なものになってきた。

　こうした動きを鑑み，発達障がいのある子どもの存在に向き合う専門職としての倫理的課題に焦点をあてる。発達障がいの定義，発達障がいの社会的文化的脈絡，文部科学省の調査，支援のツールの概要を示していく。その行間に，発達障がいのある子どもが，生きている一人の存在であることを意識していきたい。

　理解や支援が必要な対象となればなるほど，発達障がいのある子どもが，定型発達とは異なる子どもとしてみなされていないだろうか。アセスメントが詳

細になればなるほど，それが，その子どもの全人格であるような錯覚に陥っていないだろうか。支援や指導は，質的に子どもの豊かな発達を保障することにつながるのだろうか。倫理というコンテクストの中で問いたい。

1. 発達障がいの定義ならびに診断基準

　法制度の上で，発達障がいはどのように理解されているのだろうか。「発達障害者支援法」第2条に，「発達障害とは，自閉症，アスペルガー症候群その他の広汎性発達障害，学習障害，注意欠陥多動性障害その他これに類する脳機能の障害であってその症状が通常低年齢において発現するものとして政令で定めるもの」と記されている。この定義は，特別支援教育を推進する文部科学省においても土台となる。

　発達には，運動，言語，認知，社会性，情緒面など，さまざまな側面があり，発達の遅れや偏りがある場合に発達障がいの可能性を考える。その対象となる病態は，諸外国の制度や専門領域によっても微妙に異なる。法制度として，発達障がいに知的障がいや脳性麻痺を包摂している国もある。日本で，知的障がいや脳性麻痺については，「発達障害者支援法」より以前に別枠で整備されているため，「発達障害者支援法」でいう「発達障害」には含まれていない。

　医学の診断基準にも変遷がみられた。いわゆる発達障がいの分類については，WHO（世界保健機関）によるICD（国際疾病分類：International Classification of Diseases）や米国精神医学会が定めたDSM（精神疾患の診断と統計マニュアル：Diagnostic and Statistical Manual of Mental Disorders）がある。例えば**DSM-5**（第5版，2013）を垣間みると，これまで発達障がいとしてよばれてきた病態が神経発達症群／神経発達障害群（Neurodevelopmental Disorders）としてカテゴライズされた。

　そのなかでも診断基準という点から，まず2点に注目したい。一つは，「自閉スペクトラム症／自閉症スペクトラム障害（ASD）」とも表記されるように，病態特性が薄い状態から非常に濃い状態までの広がりをみせており，スペクトラム（連続体）であることが明記された点である。それは，診断されても，生活上，行動上，学習上に現れる困難さは一人一人異なることを意味している。

もうひとつは，DSM-Ⅳ（第4版）において「反抗挑戦性障害」や「素行障害（行為障害）」等とともに「破壊性行動障害」に分類されていた「注意欠如・多動症／注意欠如・多動性障害（ADHD）」が神経発達症群に含まれたことである。それによって自閉スペクトラム症と同じカテゴリーに入ることになった。このように，医学の知見にも変化がある。

　スペクトラムという言葉はまた，特性が薄くなればなるほど定型発達に近づき，限りなく濃い状態は「生きる」うえでも非常に困難な状態さえ意味する。障がいが「ある」「なし」で二分されるのではなく，障がいと定型発達のふたつを架け橋でつなぐような新しい障がい観を示すものとなった。さらに，人的・物理的・社会的環境によって，スペクトラム上の子どもの困難さを示す位置が変化することにも注目が向けられている。病態と環境はダイナミックな関係にある。子どもと関わる専門職の働きも大きく関係する。この点は後述する。

2. 文化現象としての発達障がい

　言葉には意味されるもの（概念やイメージ）が内在する。発達障がいの概念や定義にも社会的文化的脈絡がある。義務教育制度がない時代に生きていた子どもたちにとって不注意や多動は，今日の時代ほどには，発達上の「問題」としてクローズアップされなかったであろう。言葉は，社会的価値尺度や法制度や社会サービスにも影響を受けて，その時代その社会の蓋然性をもち意味を成す。どのような状態が発達障がいかは社会の価値に基づくという側面があるのかもしれない。

　ふと，その蓋然性に目を向けると，それが確立するプロセスがあり起源があることに気づく。発達障がいの名のもとに，その社会で生き暮らしていく上での「困難さ」への理解やサポートシステムが構成される一方で，時にはラベリングの対象とされることがある。子どもの行動上や学習上の問題のみが対象になるのではなく，多くの人がいう「ふつう」とか「標準」から外れた，つまり逸脱した存在として人びとの眼差しが向けられる場合さえある。発達障がいが，単にその子どもの特性の一部としてではなく，その子どもの全人格を表すかのような錯覚を正当化する社会現象は，スティグマ（烙印）さえ生み出す。

発達障がいをめぐって，暮らしの場や子どもの発達過程に向けられる医療は文化現象を構成する一要素となる。発達障がいに対する診断基準はメディカリゼーションのデバイスとして機能し，個人の自己覚知や生活上の困難さ，また集団における適応の難しさに対して，一つの，しかし重視される尺度を示す。医学・医療の知見は保健・教育・福祉現場での発達障がいに対する考え方にも影響を与えてきた (Conrad, 1975)。けれども，この医学・医療の知見もまた，脳科学の進歩などによってその診断基準や治療法を書き換えてきたのである。

その一方で，子どもという存在に対しても議論が展開されてきた。グローバルスタンダードとして，1989年に「児童の権利に関する条約（Convention on the Rights of the Child）」が国連で採択された。子どもは一人の人間として尊重される大切さが確認され，受動的権利と共に能動的・主体的権利が明記された。

そして2006年，国連において「障害者の権利に関する条約（以下，障害者権利条約：Convention on the Rights of Persons with Disabilities)」が採択された。その目的には，「障害者の人権及び基本的自由の完全かつ平等な享有を促進し，（途中略）障害者の固有の尊厳の尊重を促進すること」が謳われた。インクルーシブ教育の理念も掲げられた。その後の日本で整備された法制度や福祉，教育の施策にこの主旨がつよく織り込まれた。

発達障がいという言葉が意味する概念や定義はうつりかわってきた。けれども，時空を超えても共通するものがある。例えば，障がいの有無はその子どもの一側面に過ぎないことである。こころに敏感に寄り添い，子どもが豊かに成長していくことを保障する私たち社会の責任は，教育・福祉・医療・保健施策の上位にある。人間の「知恵」が作り出した社会の所産をマクロ・メゾ・ミクロシステムにおいてどのように活用していくのか，それも専門職の倫理的課題である。

3. 困っている子どもたちが教育現場にいる

(1) 文部科学省による調査結果

発達障がいの範疇に入る困難さを示す子どもに関する実態把握の取り組みが

みられ，いまや，どの学校にも発達障がいあるいはその疑いがある子どもたちが在籍しているであろうことが周知されている。

「発達障害者支援法」が制定される2年前の2002年，小中学校の通常学級における教員を対象とした調査（5地域）「通常の学級に在籍する特別な教育的支援を必要とする児童生徒に関する全国実態調査」において，学習面，行動面において発達障がいの特性が色濃くあり，特別な教育的支援を必要とする知的発達に遅れのない児童生徒は6.3％であった（文部科学省，2003）。この調査結果は，「発達障害者支援法」と相まって特別支援教育の本格的実施の裏付けとなる。2007年，障がい種別・障がい程度別であった特殊教育から，特別な支援を必要とする幼児児童生徒をすべて対象とする特別支援教育へと法的に移行した。

2012年の調査（東北三県を除く44地域）「通常の学級に在籍する発達障害のある可能性のある特別な教育的支援を必要とする児童生徒に関する調査結果」では，6.5％という数字が示された。学習面（「読む」「書く」「話す」「聞く」「計算する」「推論する」）において著しい困難を示す児童生徒は4.5％，行動面（「不注意」又は「多動性―衝動性」）の問題を著しく示す児童生徒は3.1％，さらに行動面（「対人関係やこだわり等」）の問題においては1.1％であった（文部科学省，2012）。

この調査ではまた，6.5％の児童生徒のうち，「いずれの支援もなされていない」児童生徒が38.9％であることも報告された。不登校状態の児童生徒のなかに，発達障がいに起因する二次障がいとみられる子どもが含まれ，そのなかでも，気づかれにくい（気づかれにくかった）不注意症状が中心のADHDと診断された子どもやその傾向のある子どもが増加しているという。

(2) 支援の具現化と「合理的配慮」

支援を具現化するために法制度は一つの大きな拠りどころとなる。2006年に国連で「障害者権利条約」が採択され，2014年に日本は批准した。批准に向けた歩みは，法整備のプロセスでもあった。2011年の「障害者基本法の一部を改正する法律（通称「改正障害者基本法」）」では「発達障害を含む」と定められ，「可能な限り障害者である児童及び生徒が障害者でない児童及び生徒と共に教育を受けられるよう配慮する」とインクルーシブ教育が掲げられた。

翌年7月，中央教育審議会初等中等教育分科会「今後のインクルーシブ教育システムの充実に向けた対応について」の報告においては，障がいの有無に関わらず子どもが共に学ぶことができるように，「小中学校における通常の学級，通級による指導，特別支援学級，特別支援学校と連続性のある多様な学びの場」を用意する必要性について記され，「平等に『教育を受ける権利』を享有・行使することを確保するために，学校の設置者及び学校が必要かつ適当な変更・調整を行うこと」等が，「合理的配慮」として示された。インクルーシブ教育の実現に向けて子どもに必要な支援を行っていくことが指向され，特別支援教育はインクルーシブ教育においてさらに重要な役割を担うことが確認された。

2013年制定の「障害を理由とする差別の解消の推進に関する法律（通称「障害者差別解消法」）」は，「障害者権利条約」批准を意識し，障がいの有無に関係なく，「互いにその人らしさを認め合いながら，共に生きる社会を目指す」ために，「不当な差別的取り扱いの禁止」や「合理的配慮の提供」を法的に明示し，そして具現化に向けて2016年に施行された。障がい者への差別の解消を目指す法整備のなかで，発達障がいのある子どもに対する合理的配慮への取り組みに勢いが増した。

4. 子どもからみたインクルーシブ教育の課題

(1) 事例：A君とクラスメイトのインクルーシブ教育

A君はいつもクラスメイトと共にいた。5年生になっても休むことなく学校に通った。目じりが下がっていつも笑っているように見えるA君には役割があった。学芸会の日には，描かれた大きな木の真ん中に穴が開いていて，そこから顔を出して森を見守る役だった。30分間の劇のあいだ，森の精になって，ずっと動くことなく笑顔のままでいた。A君は言われたことは分かっているようだった。文章は結構上手い。けれども，A君の目はいつもどこかを見ているようだった。その話し声をだれも聞いたことがなかった。もう稀になったが，チャイムが鳴ると耳をふさいで，その場からいなくなることがあった。

ニコニコ顔のA君が泣いたことがあった。身体の大きいクラスメイトに揶揄されて蹴られた時に，声のない顔に涙が流れた。そのとき，みんなが寄って

きて,「やめろ」と言った。何も抵抗をしない,一言も返すことができないA君の気持ちを,みんなが知っているようだった。授業参観のある日,「A君は障がい児なんだって。かわいそうね」という保護者の声が聞こえた。そのとき,A君の隣にいたB君は,「おとなが障がい児っていうから,A君は障がい児になったんだよ」と言った。そして,「A君はふつうだよ。勉強も頑張っているし,給食当番だって,お掃除もできるよ」と口を尖らせた。

小学校5年生の12月,A君は父親の赴任先に引っ越すことになった。両親は,A君の幸せな学校生活が少しでも続くように,「できるだけ長く,この学校に通わせたい」と思っていた。けれども,担任の先生は,「家族で暮らすことはもっと大切」と両親の背中を押した。そして,「A君は,どの学校にいても幸せでいなければならない」と,転校先の学校と連携することを約束した。別れの日,先生はA君に,「みんなにお別れの挨拶をしよう」と声をかけた。驚くクラスメイトの前に立ったA君。顔が真っ赤になって,汗が流れて,手も震えたままだった。緊張状態が続き,教室の風さえ止めたその時,「あ・り・が・と・う」と低い声が聞こえた。息をこらえて待っていたクラス全員は大きな拍手を贈った。

2月の寒い日,クラスにA君の新しい担任の先生から便りが届いた。「A君,よかった」とみんなが笑った。「どこにいても,みんなも幸せでいることが大切なんだよ」と担任の先生が言った。

A君の診断名は自閉スペクトラム症である。知能検査によるIQ (Intelligence Quotient) は78であり,BIF (Borderline Intellectual Functioning:ボーダーラインの知的機能) の範囲であった。そのことをクラスメイトは知らない。A君にもまだ知らされていなかった。

(2) 発達障がいの特性に対する無理解や偏見

文部科学省調査 (2012) は,「発達障害の可能性がある特別な教育的支援を必要とする児童生徒」が通常の学級に約6.5%在籍する可能性を示唆した。医療の領域では,有病率が高いといわれていても1%を超える疾患は少ない。気づかれないまま困っている子どもたちは他にもいる可能性もある。それほど多くの子どもに存在しうるものであることを考えると,障がいというより,多かれ

少なかれ，すべての人が有する可能性のある特性としてとらえた方がよいかもしれない。

　特性が薄い場合には発達障がいと気づかれにくい一方で，特性が濃い場合には誰の目にも留まりやすい。前述のA君は，ボーダーラインの知的機能であることに加えて，言葉による困難さのゆえに気づかれやすく，保護者の言葉のように，「障がい児」で「かわいそう」な子どもとしてのイメージをもたれやすい。ただ，クラスメイトはA君を障がい児と捉えていない。学校生活を共に過ごしている仲間である。困難さと共に長所やできることを理解している。

　高機能であるために，発達障がいの特性としては気づかれにくく，適切な理解や支援が得られない場合もある。問題とみなされる行動（急に泣く，急にパニックになる，漢字が極端に書けない，忘れ物が多すぎる，など）に対して，ただ，「へんな子」「わがままな子」「ときどき怠ける子」とみなされたり，頑張ればできると叱責が多くなったりする場合もある。

(3)「生きる」ことを支えるための倫理的課題

　発達障がいの特性ゆえに，クラスで迷惑をかける状態や自分理解に苦悩する子どももいる。誤解や偏見にうろたえ，努力の方法が分からないまま，努力を重ねてもトンネルの向こうさえ見えないような状態が続くとき，自己否定的な気持ちが強くなったり，不登校になったり，さらに精神疾患を誘発したり，二次障がいともいえる症状が引き起こされたりする場合もある。

　生きていることそのことが揺れ動くほどの精神状態に至る子どももいる。他者からのまなざしや態度は，子どものアイデンティティにも影響を与える。疎外感や不安感のなかで，「不思議な自分」「自分を裏切る自分」に向き合いながら自分探しをしている子どもにとっては自己覚知さえ難しい。子どもが他者との関係性の中で自分らしく「生きる」ことを支えるために，医療的診断の有無に関わらず，発達障がいに対する理解と支援ができる能力と資質をもちうることは，専門職に求められる倫理的課題である。

5.「生きること」を支援するICF(国際生活機能分類)というツール

(1) ICFモデル

　上田(2005)は,「ICFは障害を人が『生きる』こと全体の中に位置づけて,『生きることの困難』として理解するという見方に立っています」と述べている。発達障がいのある子どもに対する支援を計画するツールともなる。

　ICFでは,「医学モデル」とともに,「社会モデル」つまり障がいは社会の価値やあり方によって影響される側面があることにも目を向けている。「その人らしく生きる」ことを可能にするために,障がいの程度や状態に関わらず,「その人の生活」や「その人を取り巻く環境」も含めて生活や健康状態を把握し,「生きることの困難さ」への支援を考えるツールでもある。

　図のように,ICFモデルは,生活機能として「心身機能・身体構造」,「活動」,「参加」を示している。上田は,生活機能を「『人が生きること』の全体を示すもの」と述べ,各要素を「生命レベル」「生活レベル」「人生レベル」と記している(上田,2005)。「活動」には「活動制限」,「参加」には「参加制約」とそれぞれプラス面とマイナス面がある。そのマイナス面を生活機能に問題がある状態,つまり「障がい」としてみていく。

　生活機能は背景因子(「環境因子」と「個人因子」)と互いに影響し合う力学的構造をもつ。「環境因子」とは,物的・物質的(建物や用具,自然環境),人的(家族・友人なども含む社会を成す人びととの関係や,向けられる眼差しや態

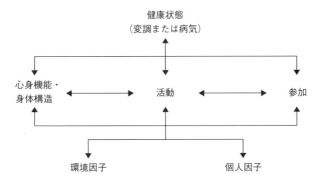

図17-1　ICF(国際生活機能分類)(WHO, 2001)

度・価値・支援），社会的（教育・保健・医療・福祉などの社会の制度やサービス）なものを含み，その人の暮らしや人生に影響を与える因子が含まれている。

(2) 健康観からみた発達障がい

ICFを発表したWHOによる健康についての定義もまた，その人らしく健やかに生きることを全人的に捉えようとするものである。健康とは，肉体的，精神的，社会的にも良好な状態であり（日本WHO協会），全人的なものである。ゆえに全人的なケアやサポートが須要である。

いま，教育現場では，「活動」や「参加」における分類項目に留意して，プラス面（できること，できるかもしれないこと）が活かされるように，マイナス面（困難さや障がい）から子どものニーズを把握して他の要素のプラス面を連環させ，潜在的なプラス面を引き出す指導・支援方法（環境整備や教育的支援により生活機能を上げる等）が創意工夫されている。子どもがこのクラスの一員であるという帰属意識や，折々に得ることができる自己効力感などにも配慮して，精神面，社会面，そして生きているという存在そのことに向き合うことが，子どもの「生きる力」へのエンパワメントとなる。

学校はもちろん，地域という暮らしの場で，教育・医療・保健・福祉などの専門職が連携し，子どもの特性を理解し受け止め，フォーマルにもインフォーマルにも包括的なサポートが提供できる緩やかなつながりは，子どもの困難な特性（マイナス面）を薄めるであろう。どこにでもいる，しかし気づかれにくい発達障がいのある子どもたちが生きやすい社会は，誰もが生きやすい社会であろう。

おわりに──専門職の倫理的課題

日本においても障がいをめぐる法整備とともに，発達障がいをめぐる法整備も整ってきた。発達障がいに関わる知識も広く知られるようになり，その特性のある子どもたちの困難さについても深く論じられるようになった。倫理の視点は，発達障がいに関する理解や支援についての方向や質を精査する。黄色

の眼鏡をかければ対象物は黄色く見え，青い眼鏡をかければ対象物は青く見える。眼鏡に求められるのは，帰属的なものを踏まえつつ，それに矮小化しない生命体としての価値を見抜く力である。

　他者の自分に対する認識や評価を鏡にして，子どもは自分が何者であるかを探っていく。子どもは，ある時まで，自分が障がい児とみなされていることは知らない。大人たちのまなざしによって，憂いによって，言葉によって，そう気づき，そう思い，敏感に心を反応させ，自己覚知をしていく。

　専門職として，時空を超えて，子どもに向き合う倫理的課題がある。それは子どもが今を生き，未来に向かって生きてく存在であること，つまり存在として向き合うことであろう。ノーマライゼーションの思想が提唱されてから半世紀が過ぎた。ノーマルにかえていく対象は，だれもがあたりまえに生きることができる社会に向けられる。発達障がいの理解と支援の前に，そこには，「障がい児」がいるのではなく，嬉しいことにも悲しいことにも思い溢れて生きている「子ども」がいることを認識する必要がある。

　専門職としての価値は，ともに生きていくという環境を創生していくという重荷にもある。例えば，担任教員の価値観はそこにいる子どもたちの価値観に影響を与える。そして，発達障がいのある子どもが障がいを受け止めることにも，これから生きていく長い未来にも影響を与える。子ども同士が違いを大切にし，肯定的に関わり合えるA君のクラスでは，障がいという言葉さえ飲み込んでしまう。発達障がいのある子どもだけではなく，一人一人の子どもの自己覚知に，双方向に向けられる肯定的なまなざしは互いに与え与えられる力学構造をもちうるであろう。

　アセスメントも指導・支援も，子どもを選別して，「ふつう」という枠組みに入れるためにあるのではない。その子どもが豊かに生きていくためのツールである。人権の大切さを基底に，見守られ，認められ，困難さに気づかれて適切な指示を受けながら努力を評価されていくプロセスは，子どものこころに自己覚知と自尊感情が織りなされていくプロセスとなるであろう。

　子どもは大人が作ってきた価値体系のなかで社会化していく。発達障がい，あるいはそれに類するとみなされている子どもたちが，そのことに気づく分岐点で，私たちはどのような道標を示すことができるのだろうか。狭い意味での

医療や教育的配慮や福祉的支援に尽くされるものではない。「生きること」への支援になるように，子どもが存在していることにどのように向き合い，生きている意味をどのように捉え，すべての子どもが共に育ち生きていける場をどのように整備していくのか。子どもに関わる専門職に求められている倫理的な問いである。

> **一緒に考えよう！**
>
> 1. 発達障がいはマスコミなどでも取り上げられ，広く知られるようになってきました。発達障がいはどのようなイメージをもたれているかを考えてみましょう。
> 2. 発達障がいのある子どもは，偏見や無理解により，また適切な支援を受けることができず，二次障がいを引き起こす場合があります。二次障がいに陥る子どもの気持ちを考えてみましょう。
> 3. 発達障がいのある子どもの困難さに影響を及ぼす，物理的，人的，社会的環境について，ICF（国際生活機能分類）を用いて考えてみましょう。

引用文献

Conrad, P. (1975). The discovery of hyperkinesis: Notes on the medicalization of deviant behavior. *Social Problems*, 23 (1), 12-21.

文部科学省（2003）.「通常の学級に在籍する特別な教育的支援を必要とする児童生徒に関する全国実態調査」調査結果

文部科学省（2012）. 通常の学級に在籍する発達障害のある可能性のある特別な教育的支援を必要とする児童生徒に関する調査結果〈http://www.mext.go.jp/a_menu/shotou/tokubetu/material/1328729.htm〉（2017 年 8 月 14 日確認）

公益社団法人日本WHO協会　健康の定義について〈http://www.japan-who.or.jp/commodity/kenko.html〉（2017 年 8 月 14 日確認）

厚生労働省（2002）.「国際生活機能分類―国際障害分類改訂版―」（日本語版）の厚生労働省ホームページ掲載について〈http://www.mhlw.go.jp/houdou/2002/08/h0805-1.html〉（2017 年 8 月 14 日確認）

上田　敏（2005）. ICFの理解と活用　きょうされん

18　学校管理下での死亡事故・事件への対応

　健康と安全は人が生きていくうえで最低限保証されなければならない最重要課題である。なぜなら，健康も安全も極限的には死につながる。この二つのテーマは学校安全が公的に位置づけられた1947年（昭和22年）の学校教育法第二十一条に「義務教育として行われる普通教育は，教育基本法第五条第二項に規定する目的を実現するため，次に掲げる目標を達成するようおこなわれるものとする」（若井，2013）と規定されている。項目は10項あり，その第8項で「健康，安全で幸福な生活のために必要な習慣を養うとともに，運動を通じて体力を養い，心身の調和的発達を図ること」と明記されている。

　ここで「安全」とは，「心身や物品に危害をもたらす様々な危険や災害が防止され，万が一，事件・事故・災害が発生した場合には，被害を最小限にするために適切に対処された状態」（文部科学省，2010）であると定めている。すなわち予防としての安全対策と，万が一事故などが起こった際の対処法も十分に準備しておくことである。

　本章では学校管理下等で事故・事件に遭遇した場合に教員・組織の対処法を中心に考えたい。「学校管理下」の範囲は**日本スポーツ振興センター**による災害共済給付制度が適用される範囲で，以下のような場合と定義されている（日本スポーツ振興センター学校安全部，2016）。

・学校が編成した教育課程に基づく授業を受けている場合（保育中を含む）
・学校の教育計画に基づく課外指導を受けている場合
・休憩時間中に学校にある場合，その他校長の指示又は承認に基づいて学校にある場合
・通常の経路および方法により通学する場合（登園・降園を含む）

表 18-1 小学校における死亡事故（供花を含む）の場合別件数
(日本スポーツ振興センター学校安全部，2016)

年度	22年度	23年度	24年度	25年度	26年度	27年度
各教科等	1	5	2	3	3	2
特別活動	1	1	2	3	1	5
学校行事	1	0	1	1	1	1
課外活動	1	1	2	1	1	0
休憩時間	3	3	6	2	2	3
通学中	18	17	8	5	7	5
総計	25	27	21	15	15	16

・その他，これらの場合に準ずる場合として文部科学省令で定める場合

これらの範囲内での負傷・疾病・障害・死亡が給付対象である。

災害共済給付制度は小学校，中学校，中等教育学校，特別支援学校，高等学校，高等専門学校，幼稚園，保育所（児童福祉法第39条に規定する保育所）が対象で加入率は全体では95.7%，小学校，中学校では99.9%である（日本スポーツ振興センター学校安全部，2016）。したがって学校管理下における事故・事件に関する数量的調査は当センター発行の報告書による。

表18-1は平成22年度から27年度の小学校における死亡事故への共済給付（供花を含む）件数であるが残念ながら死亡件数も数値の通りの多さである。死亡事故件数の経年変化は25年度以降では20件未満であるが毎年度，15件以上であることに改めて驚愕する。供花料とは，学校管理下における児童生徒等の死亡で第三者から損害賠償が支払われたこと等により，日本スポーツ振興センターから死亡見舞金が支給されないものに対して支給するものである。

1. 学校管理下における死亡事故の具体例（平成27年度）

死亡事故の具体的概略は「学校の管理下の災害［平成28年度版］平成27年度データ」を参照願いたいが二つの具体例を挙げたい。一つは学校園内，一つは通学路での事故である（日本スポーツ振興センター学校安全部，2016）。

(1) 事　例

①幼稚園・保育所における死亡事故の一つは窒息死である。プール（水深23〜25cmに設定）に，午後1時30分より14名，午後1時45分より16名の4歳児が入水した。準備体操，シャワー，腰洗い槽に浸った後，水慣れしてから，自由遊びの時間にしていた。その間，担任2名がそれぞれ，カメラを取りに行ったり，プール横で日誌に必要事項を記入しようとしていたりしたとき，本児が仰向けで浮いていることに気付いた。直ちに救急救命処置をし，病院に搬送，治療を受けたが数日後に死亡した。

詳細は分からないが，この事故は担任2名の行動が教訓である。

②小学校における死亡事故の窒息死の一つの例は小学校2年男子児童が通学路を下校中，道路脇にあった雪山に登ったところ，雪山が急に崩れて転落し，本児童の上に崩れた雪が被さり，雪に埋まってしまった。一緒に下校していた児童や近くの児童たちが懸命に雪をどかそうとしたが，塊が大きくてできなかった。近くの商店に助けを求め，男性2名で雪山から掘り起こし，近くの人が救急処置を行ったが意識は戻らず，翌日死亡した。この例は通学路の安全は児童・学校園のみならず，地域を含めた安全対策が問われている。

(2) 事故の防止対策

学校では多種多様な場所・機会・状況で事故が起こり得る。小学校では体育科・理科・家庭科・総合的な学習の時間のみならず，すべての教科，また運動会・儀式的行事・遠足等の学内外行事，さらには自宅と学校間の登下校時など多岐にわたる。その意味であらゆる時間帯での留意が必要である。時には想定すらできないこともあり得るから，全国における学校管理下で起こった事件・事故をわが校でも起こり得ると考えて対処法を常に見直す必要がある。子どもの生命・身体を守ることが最重要課題である。

したがって，これらの防止対策には次の3つの視点が必要である（日本スポーツ振興センター学校安全部，2016）。

①事故が起きやすい場面を予測する
②教師の危機管理意識を高める
③児童の危機回避能力を育成する

これらは自分の学校や校区の環境および児童の実態を考慮することが重要で，ここでも未然に防ぐためには**ハインリッヒの法則**（通称，ヒヤリハットの法則）を念頭に入れて，事故に至らなくてもヒヤッとした，ハッとした兆候に常にアンテナを張って，それらへの対策等を予兆の段階で立てることが不可欠である。

ついつい大きな事故や怪我に至らなかったことにホッとして，「あ～，無事で良かった！」と過ごしてしまう場合があり得るので留意する。

2. 死亡事故（事件）について――大阪教育大学附属池田小学校事件を通して

学校での安全教育を大きく変えたのは，学校が安全であるという神話を根底から覆した**大阪教育大学附属池田小学校事件**（以下，「附池小事件」という）である。それまでの学校安全教育は生活安全，交通安全，防災安全が中心であったが，8人もの児童が全員失血死という悲惨な事件を契機に防犯教育が全国一斉の緊急対策課題となった。それゆえに，この事件から学ぶ教訓の一部と，被害児童の保護者等との対応で学んだ倫理的教訓を考えたい。

2001年（平成13年）6月8日，午前10時過ぎに，ひとりの暴漢により，学校における児童等の安全が根底から覆された。

学校敷地内で児童・生徒が外部の侵入者により死に至る事件は附池小事件の前にはあったが（1999年12月の京都市立日野小学校の校庭で男子児童が刺殺された），児童のいる教室に入り，しかも多数の児童や教員を凶器により死傷させた事件はわが国で初めてであったと思われる。学校内で外部の侵入者により児童・生徒等が殺傷されることは想定すらないという，学校の安全神話は根底から否定された。あまりにも悲惨・残忍な事件であった。

しかし，京都市立日野小学校事件が教訓として活かされていなかった。それは小学校などを管轄する文部科学省も同じ状況だったと思われる。

なぜなら，2001年文部科学省から発行された冊子「『生きる力』をはぐくむ学校での安全教育」は，最初の予定では同年6月に全国に配布される予定であったが，大阪教育大学附属池田小学校事件（以降，附池小事件という）を受けて配布を急遽中止し，防犯に関する項目が追記された経緯があった。

この事実をみても国・自治体・学校・個人の取り組み・とらえ方において大きな事故，取り返しのつかない事態が起こってからの対策等が多いのは残念である。ここでもハインリッヒの法則を肝に銘じるべきである。

　なお，附池小事件の公的な概要は，事件発生の2年後に8遺族，文部科学省，大阪教育大学，同附属池田小学校の間で締結された合意書の別紙にまとめられた「附属池田小学校事件の概要」のみである。新聞報道では被害者遺族が「当時の学校の対応を検証し，再発防止につなげる報告書の作成を求めているが，まだ実現していない」（朝日新聞，2017）のである。

　この概要は防犯安全における多くの教訓を示唆しているが以下の各項目の詳細は金子ら（2014）を参照願いたい。

①「門・通用門の管理」
②声かけの実施
③子どもだけにしない

　長澤（2003）は，「犯人のいる教室に子ども達が置き去りにされたクラスがあった。どんなに恐ろしかっただろうと胸が痛む。絶対の信頼を受けている教師は，どんなときにも子どもに寄り添い，楯になることが必要なのだと思う。それだけの決心を必要とする教師という仕事の大変さを改めて感じる」と論じている。

④通報の的確性
⑤避難途中の行動
⑥防犯対策の基本的考察

　小宮（2017）は，犯罪から人を守るには大きく分けて二つの方法論があるという。一つは犯罪原因論で，犯罪者の異常な人格や劣悪な境遇に犯罪の原因を求め，それを取り除くことで犯罪は防止できると考える。

　他方，今一つは犯罪機会論で，犯罪の機会がなければ犯罪は実行されない。犯罪を起こす人の問題ではなく，犯罪が起こる場所・機会をなくすことで犯罪を防止できると考える。

　防犯対策ではハード面とともに人が関与するソフト面も備わっていることが不可欠であることはいうまでもない。学校の教職員のみならず，地域の人々，行政の人々，そして児童生徒等が一体となって「人の命を守る」との意識が不

可欠である。

3．被害児童などの保護者への対応

　私たち個人の出来事で，予期せぬことで人と死別することは必ずしも体験があるとはいえない。ということは予期せぬことで人を亡くす苦悩・心情などを真には理解できないだろう。しかし，不幸にしてそのような体験をされた人々が発信された言葉・手記などから真意を理解しようと努めることが大切である。
　園児・児童・生徒の死亡事件・事故の理解の重要なことは被害児童などの保護者等の声をまず傾聴することだと考える。
　附池小事件後の対応に関与した一人として，筆者自身ができなかったことを棚に上げて，できなかったことや反省すべき一部を以下に記す。

(1) 保護者が「知る」
　まず事件・事故の事実を保護者に可及的速やかに知らせることである。その事実はマスコミなどの報道からではなく学校園から直接知らせることが不可欠である。しかも，その事実を時系列で報告することである。「事件の真実を知りたい」「事件の原因を知りたい」「責任所在を明らかにしてほしい」等に応えることである。

(2) 保護者が「参加する・関わる」
　附池小事件の場合には，事件のあった校舎をどうするかを検討する「大阪教育大学附属池田小学校校舎改築検討委員会」（大阪教育大学，2001）が設置されたが，死傷児童の保護者が委員として入ることはなかった。しかし同委員会の報告を受けて大阪教育大学附属池田小学校の校長諮問機関として設置された「校舎設計諮問会議」には死傷児童の保護者もメンバーとして参加したこと，或いは附池小事件を受けて，深く悲しむ人々とともに建立された「**祈りと誓いの塔**」も，建立する検討会にもメンバーとして被害児童の保護者も参加したことは「参加する」の一例と考える（詳細は大阪教育大学・大阪教育大学附属池田小学校，2017 を参照）。

(3) 保護者が「成し遂げる」

上記の（2）を踏まえて，附属池田小学校の校舎が改築され，「祈りと誓いの塔」が建立に至ったことは，「成し遂げる」ことの一つの実践例と考える。

子どもを失ったあるいは心身に傷を負った児童の保護者が一部だけでも「参加する」「成し遂げる」ことができたことが，毎年開催される6月8日の「祈りと誓いの集い」に関係者が一同に参集できる状況に現われているといえるだろう。

筆者も附池小事件の対応に直接関与していた際には不十分なことしかできず，反省するばかりである。だからこそ「知る」「参加する」「成し遂げる」ことを実践することの大切さを痛感し，大きな教訓としたい一心である。

4. 教員である以前に人として大切なこと

筆者は附池小事件を通して八遺族のみならず，心身に傷を負った保護者をはじめ多くの関係者に会う機会に再三恵まれた。それらの中で具体的な対応策は別にして，教員としてのみならず，人の道として（人の倫理として）多くの教訓を得たが，その中でも次の3点を銘記したい。

(1)「ひと」としての対応

人の根源である命に関係するときに，対応する側は，たとえば教員であるとか，同じ職場であるとか等の立場がある。責任は立場として負わなければならないのはいうまでもない。しかし，「命」が関係した際には，「人と立場」としてではなく，「人と人」として向かわなければならないと考える。立場があるから対応するのだが，こちらの人としての力量が大きく影響する。なぜなら，心身で大きく傷を負った児童の保護者等は，具体的な内容は組織として何をするかを要望するが，その組織の対応にその根底の「人」としての有り様を問うているからである。

責任は教員等の立場で負わなければならないが，対応する際のベースは教員でもなく，上司でもなく，師弟関係でもなく，「人の心」だと確信する。なぜなら，子どもが亡くなる，しかも理不尽な力で子どもの命を失うことは保護者等

の命以上の存在である子どもの命が奪われる現実であるからである。

　2001年の9.11テロ事件の2004年追悼式典で，当時のブルームバーグ (Bloomberg) ニューヨーク市長が，「親を亡くした子どもを孤児という，伴侶を亡くした夫を寡夫，妻を寡婦という，子どもを亡くした親を呼ぶ言葉がない，その痛みを言葉で表すことはできないからだ」なる追悼文を述べられた。

(2)「お気持ちはわかります」

　被害児童の保護者に「お気持ちわかります」は言うべきではないと考える。対応する保護者なりのお気持ちとか要望を聞いた際に，黙して聞いているだけでは相手に失礼だとか，相手の話を精一杯に聴いている，漠然と聞いているのではない，相手の言いたいことを少しでも正確に理解したい，理解しようと努めている気持ちを相手に伝えようとする際に，「お気持ちはわかります」と筆者も発言したことはあった。しかし，それは不遜極まりない言葉であったと反省する。保護者も自身の心や想いを表現できない，言い表せないであろう状況が実経験のない者がわかるはずがないからだ。保護者も自身の心の状況がわからないだろうに，他者が「わかります」なる傲慢な気持ちはなくさなければならない。このような際にはただただ，ジッと拝聴することのみしかあり得ないと。決して「お気持ちはわかります」なる言葉ではなく，一生懸命，一言一句を漏らさずにしっかりと聴き，少しでも「わかろう」と努めることが肝要である。

(3)「頑張ってください」

　附池小事件の被害児童の保護者たちと一定の時間を共有した後に保護者等と別れる際に，慣行的・儀礼的ニュアンスのある「大変ですが頑張ってください」と筆者は発言してしまった。もう十分頑張っている保護者等に，もし「頑張ってください」というのなら，何をどうするかを具体的に言うべきであったと反省する。結果的には何かを相手に言葉で表現する必要を思い，単なる挨拶的に「頑張ってください」と発言していたのではと，猛省している。奇しくも鎌田 (2013) が以下のことを記している。

　「40代の女性患者に『頑張ろうね』と声をかけたら，『きょうまで頑張ってき

ました。もうこれ以上，頑張れません』と，涙を流しながら話してくれたことがありました。若かった頃です。彼女は末期がんでした。『頑張ってね』は，話を打ち切り，部屋を出ていく人間には便利な言葉です。でも，1人病室に残された末期がんの患者によっては『頑張れ』という言葉は，時に人を傷つけると気が付きました」と。

5．事故後の調査の実施

　2016年3月に，文部科学省の有識者会議で，「学校事故対応に関する指針」が公表された。

　事故の未然防止の取り組みが優先課題ではあるが，残念ながら事故は起こりうる。事故が起こった後の対応で調査は不可欠である。調査には基本調査と詳細調査がある。

(1) 基本調査

　事案発生後，速やかに着手する調査である「基本調査」は「当該事案の公表・非公表に関わらず，学校がその時点で持っている情報及び基本調査の期間中に得られた情報を迅速に整理するもの」と定義されている。それは
　①調査対象と調査主体
　②関係教職員及び事故現場に居合わせた児童生徒への聞き取り
　③被害児童生徒等の保護者との関わり
であり，この基本調査を踏まえて必要な場合に，外部専門家が参画した調査委員会において行われる。

(2) 詳細調査

　基本調査より詳細な調査の実施である。それは
　①調査の実施主体
　②調査委員会の設置
　③詳細調査の計画・実施
　④事故に至る過程や原因の調査と再発防止・学校事故予防への提言

⑤調査結果の報告書作成と，それを受けた実施主体が公表
とまとめられている。事件・事故は不本意ながらも起こりうる。教育現場では今も死亡事故も起こっている。「まさか我が園には」「まさか，私の小学校では」と思いがちであるがハインリッヒの法則の訓えをきちんと把握しておく心構えが重要である。

6. 畿央大学における事故死

　畿央大学では2016年の7月に，教員採用試験の水泳実技のために橿原市総合プールで実施していた水泳講座で寺岡頑希さんが事故に遭い，19日後に帰らぬ人となった。奈良県小学校教員採用試験の1次試験を終え，2次の水泳実技に備えての水泳講座を受講した際の事故であった。意識不明状態で1次採用試験の合格通知を受けた。しかしながら2次試験を受けることも叶わず，事故後19日の闘病生活もむなしく，帰らぬ人となった。当人は競技水泳も経験した若者であったし，当講座には畿央大学教員が同行しての事故であった。畿央大学としてもゆめゆめ事故が起こるとは全くの想定外であった。しかし，泳ぐことには十分な能力があっても現実に起こってしまった。この死を無駄にしないためにも上記3・4節を肝に銘じた上で5節を参考にして，この事故を検証し，安全な教員採用試験の水泳対策講座がどうあるべきかを追求しなければならないと考える。この章を分担した筆者の課題でもあると強く認識している。

> **一緒に考えよう！**
>
> 1. 決められた通学路は学校の管理下と定められていますが，あなたが当該学校の教員ならば，どのような配慮をしますか？
> 2. 大阪教育大学附属池田小学校事件を想定すると，あなたが教員ならば学校の門の管理はどうすればよいと考えますか？
> 3. 不幸にして，学校事故等で被害者が出た場合に，あなたがその学校の教員ならば，被害児童・生徒の保護者対応ではどのようなことに配慮が必要だと考えますか？
> 4. 万一，学校で事故が起こったときに，検証が必要です。その際の留意点はどのようなことだと考えますか？

引用文献

朝日新聞（2017）．あなたが大切だから　6月8日夕刊（第3版）

大阪教育大学（2001）．大阪教育大学附属池田小学校校舎改築検討委員会〈http://osaka-kyoiku.ac.jp/safety/kikaku/kaitiku.html〉

大阪教育大学附属池田小学校事件の合意書（2003）．〈http://osaka-kyoiku.ac.jp/_file/fuzoku/goui/agreement20030608.pdf〉

大阪教育大学・大阪教育大学附属池田小学校（2017）．附属池田小学校事件を語り伝えていくために（2017年版）

金子章道・河野由美・金内雅夫（編）（2014）．学生と考える生命倫理　ナカニシヤ出版

鎌田　實（2013）．人生の贈りもの　朝日新聞 2013.7.29.（3版）

小宮信夫（2017）．写真でわかる世界の防犯　小学館

文部科学省（2010）．「生きる力」をはぐくむ学校での安全教育

長澤　悟（2003）．大阪・池田小学校の事件から学ぶ　天笠　茂（編）学校の危機管理への経営戦略　教育開発研究所　p. 136.

日本スポーツ振興センター学校安全部（2016）．学校の管理下の災害［平成28年度版］平成27年度データ　日本スポーツ振興センター

若井彌一（2013）．教職六法（2014年度版）　協同出版

資　料

資料1　看護者の倫理綱領

前文

　人々は人間としての尊厳を維持し，健康で幸福であることを願っている。看護は，このような人間の普遍的なニーズに応え，人々の健康な生活の実現に貢献することを使命としている。

　看護は，あらゆる年代の個人，家族，集団，地域社会を対象とし，健康の保持増進，疾病の予防，健康の回復，苦痛の緩和を行い，生涯を通してその最期まで，その人らしく生を全うできるように援助を行うことを目的としている。

　看護者は，看護職の免許によって看護を実践する権限を与えられた者であり，その社会的な責務を果たすため，看護の実践にあたっては，人々の生きる権利，尊厳を保つ権利，敬意のこもった看護を受ける権利，平等な看護を受ける権利などの人権を尊重することが求められる。

　日本看護協会の「看護者の倫理綱領」は，病院，地域，学校，教育・研究機関，行政機関など，あらゆる場で実践を行う看護者を対象とした行動指針であり，自己の実践を振り返る際の基盤を提供するものである。また，看護の実践について専門職として引き受ける責任範囲を，社会に対して明示するものである。

条文
1. 看護者は，人間の生命，人間としての尊厳及び権利を尊重する。
2. 看護者は，国籍，人種，民族，宗教，信条，年齢，性別及び性的指向，社会的地位，経済的状態，ライフスタイル，健康問題の性質にかかわらず，対象となる人々に平等に看護を手供する。
3. 看護者は，対象となる人々との間に信頼関係を築き，その信頼関係に基づいて看護を提供する。
4. 看護者は，人々の知る権利及び自己決定の権利を尊重し，その権利を擁護する。
5. 看護者は，守秘義務を尊守し，個人情報の保護に努めるとともに，これを他者と共有する場合は適切な判断のもとに行う。
6. 看護者は，対象となる人々への看護が阻害されているときや危険にさらされているときは，人々を保護し安全を確保する。
7. 看護者は，自己の責任と能力を的確に認識し，実施した看護について個人としての責任を持つ。
8. 看護者は，常に，個人の責任として継続学習による能力の維持・開発に努める。
9. 看護者は，他の看護者及び保健医療福祉関係者とともに協働して看護を提供する。
10. 看護者は，より質の高い看護を行うために，看護実践，看護管理，看護教育，看護研究の望ましい基準を設定し，実施する。

11. 看護者は，研究や実践を通して，専門的知識・技術の創造と開発に努め，看護学の発展に寄与する。
12. 看護者は，より質の高い看護を行うために，看護者自身の心身の健康の保持増進に努める。
13. 看護者は，社会の人々の信頼を得るように，個人としての品性を常に高く維持する。
14. 看護者は，人々がよりよい健康を獲得していくために，環境の問題について社会と責任を共有する。
15. 看護者は，専門職組織を通して，看護の質を高めるための制度の確立に参画し，よりよい社会づくりに貢献する。

日本看護協会　1988年制定　2003年改訂

（日本看護協会，2014より）

資料2　公益社団法人日本理学療法士協会　倫理規程

　日本理学療法士協会は，本会会員が理学療法士としての使命と職責を自覚し，常に自らを修め，律する基準として，ここに倫理規定を設ける。

基本精神
1. 理学療法士は，国籍，人種，民族，宗教，文化，思想，信条，門地，社会的地位，年齢，性別などのいかんにかかわらず，平等に接しなければならない。
2. 理学療法士は，国民の保健・医療・福祉のために，自己の知識，技術，経験を社会のために可能な限り提供しなければならない。
3. 理学療法士は，専門職として常に研鑽を積み，理学療法の発展に努めなければならない。
4. 理学療法士は，業務にあたり，誠意と責任をもって接し，自己の最善をつくさなければならない。
5. 理学療法士は，後進の育成に努力しなければならない。

遵守事項
1. 理学療法士は，保健・医療・福祉領域においてその業の目的と責任のうえにたち治療と指導あたる。
2. 理学療法士は，治療や指導の内容について十分に説明する必要がある。
3. 理学療法士は，他の関連職種と誠実に協力してその責任を果たし，チーム全員に対する信頼を維持する。

4. 理学療法士は，業務上知り得た情報についての秘密を守る。
5. 理学療法士は，企業の営利目的に関与しない。
6. 理学療法士は，その定められた正当な報酬以外の要求をしたり収受しない。

1978年5月17日制定
1997年5月16日一部改正
2012年4月1日一部改正
（日本理学療法士協会ホームページより）

資料3　管理栄養士・栄養士倫理綱領

本倫理綱領は，すべての人びとの「自己実現をめざし，健やかによりよく生きる」とのニーズに応え，管理栄養士・栄養士が，「栄養の指導」を実践する専門職としての使命（1）と責務（2）を自覚し，その職能（3）の発揮に努めることを社会に対して明示するものである。

1. 管理栄養士・栄養士は，保健，医療，福祉及び教育等の分野において，専門職として，この職業の尊厳と責任を自覚し，科学的根拠に裏づけられかつ高度な技術をもって行う「栄養の指導」を実践し，公衆衛生の向上に尽くす。
2. 管理栄養士・栄養士は，人びとの人権・人格を尊重し，良心と愛情をもって接するとともに，「栄養の指導」についてよく説明し，信頼を得るように努める。また，互いに尊敬し，同僚及び他の関係者とともに協働してすべての人びとのニーズに応える。
3. 管理栄養士・栄養士は，その免許によって「栄養の指導」を実践する権限を与えられた者であり，法規範の遵守及び法秩序の形成に努め，常に自らを律し，職能の発揮に努める。また，生涯にわたり高い知識と技術の水準を維持・向上するよう積極的に研鑽し，人格を高める。

平成14年4月27日制定
平成26年6月23日改訂
（日本栄養士会ホームページより）

資料4　ニュルンベルク綱領（1947年）

1. 被験者の自発的な同意が絶対に必要である。
    このことは，被験者が，同意を与える法的な能力を持つべきこと，圧力や詐欺，欺瞞，脅迫，陰謀，その他の隠された強制や威圧による干渉を少しも受けることなく，自由な選択権を行使することのできる状況に置かれるべきこと，よく理解し納得した上で意思決定を行えるように，関係する内容について十分な知識と理解力を有するべきことを意味している。後者の要件を満たすためには，被験者から肯定的な意思決定を受ける前に，実験の性質，期間，目的，実施の方法と手段，起こっても不思議ではないあらゆる不都合と危険性，実験に参加することによって生ずる可能性のある健康や人格への影響を，被験者に知らせる必要がある。
    同意の質を保証する義務と責任は，実験を発案したり，指揮したり，従事したりする各々の個人にある。それは，免れて他人任せにはできない個人的な義務であり責任である。
2. 実験は，社会の福利のために実り多い結果を生むとともに，他の方法や手段では行えないものであるべきであり，無計画あるいは無駄に行うべきではない。
3. 予想される結果によって実験の遂行が正当化されるように，実験は念入りに計画され，動物実験の結果および研究中の疾患やその他の問題に関する基本的な知識に基づいて行われるべきである。
4. 実験は，あらゆる不必要な身体的，精神的な苦痛や傷害を避けて行われるべきである。
5. 死亡や障害を引き起こすことがあらかじめ予想される場合，実験は行うべきではない。ただし，実験する医師自身も被験者となる実験の場合は，例外としてよいかも知れない。
6. 実験に含まれる危険性の度合いは，その実験により解決される問題の人道上の重大性を決して上回るべきではない。
7. 傷害や障害，あるいは死をもたらす僅かな可能性からも被験者を保護するため，周到な準備がなされ，適切な設備が整えられるべきである。
8. 実験は，科学的有資格者によってのみ行われるべきである。実験を行う者，あるいは実験に従事する者には，実験の全段階を通じて，最高度の技術と注意が求められるべきである。
9. 実験の進行中に，実験の続行が耐えられないと思われる程の身体的あるいは精神的な状態に至った場合，被験者は，実験を中止させる自由を有するべきである。
10. 実験の進行中に，責任ある立場の科学者は，彼に求められた誠実さ，優れた技能，注意深い判断力を行使する中で，実験の継続が，傷害や障害，あるいは死を被験者にもたらしそうだと考えるに足る理由が生じた場合，いつでも実験を中止する心構えでいなければならない。

（福岡臨床研究倫理審査委員会ネットワークのホームページより）

資料5　ヘルシンキ宣言

WORLD MEDICAL ASSOCIATION
ヘルシンキ宣言
人間を対象とする医学研究の倫理的原則

1964年 6月	第18回WMA総会（ヘルシンキ，フィンランド）で採択
1975年10月	第29回WMA総会（東京，日本）で修正
1983年10月	第35回WMA総会（ベニス，イタリア）で修正
1989年 9月	第41回WMA総会（九龍，香港）で修正
1996年10月	第48回WMA総会（サマーセットウエスト，南アフリカ）で修正
2000年10月	第52回WMA総会（エジンバラ，スコットランド）で修正
2002年10月	WMAワシントン総会（アメリカ合衆国）で修正（第29項目明確化のため注釈追加）
2004年10月	WMA東京総会（日本）で修正（第30項目明確化のため注釈追加）
2008年10月	WMAソウル総会（韓国）で修正

A. 序文
1. 世界医師会（WMA）は，個人を特定できるヒト由来の試料およびデータの研究を含む，人間を対象とする医学研究の倫理的原則として，ヘルシンキ宣言を発展させてきた。
   本宣言は，総合的に解釈されることを意図したものであり，各項目は他のすべての関連項目を考慮に入れず適応されるべきではない。
2. 本宣言は，主として医師に対して表明されたものであるが，WMAは人間を対象とする医学研究に関与する医師以外の人々に対しても，これらの原則の採用を推奨する。
3. 医学研究の対象となる人々を含め，患者の健康を向上させ，守ることは，医師の責務である。医師の知識と良心は，この責務達成のために捧げられる。
4. WMAジュネーブ宣言は，「私の患者の健康を私の第一の関心事とする」ことを医師に義務づけ，また医の国際倫理綱領は，「医師は医療の提供に際して，患者の最善の利益のために行動すべきである」と宣言している。
5. 医学の進歩は，最終的に人間を対象とする研究を要するものである。医学研究に十分参加できていない人々には，研究参加への適切なアクセスの機会が提供されるべきである。
6. 人間を対象とする医学研究においては，個々の研究被験者の福祉が他のすべての利

益よりも優先されなければならない。
7. 人間を対象とする医学研究の第一の目的は，疾病の原因，発症，および影響を理解し，予防，診断ならびに治療行為（手法，手順，処置）を改善することである。現在最善の治療行為であっても，安全性，有効性，効率，利用しやすさ，および質に関する研究を通じて，継続的に評価されなければならない。
8. 医学の実践および医学研究においては，ほとんどの治療行為にリスクと負担が伴う。
9. 医学研究は，すべての人間に対する尊敬を深め，その健康と権利を擁護するための倫理基準に従わなければならない。研究対象の中には，特に脆弱で特別な保護を必要とする集団もある。これには，同意の諾否を自ら行うことができない人々や強制や不適切な影響にさらされやすい人々が含まれる。
10. 医師は，適用される国際的規範および基準はもとより，人間を対象とする研究に関する自国の倫理，法律および規制上の規範ならびに基準を考慮するべきである。いかなる自国あるいは国際的な倫理，法律，または規制上の要請も，この宣言が示す研究被験者に対する保護を弱めたり，撤廃するべきではない。

B. すべての医学研究のための諸原則
11. 研究被験者の生命，健康，尊厳，完全無欠性，自己決定権，プライバシーおよび個人情報の秘密を守ることは，医学研究に参加する医師の責務である。
12. 人間を対象とする医学研究は，科学的文献の十分な知識，関連性のある他の情報源および十分な実験，ならびに適切な場合には動物実験に基づき，一般的に受け入れられた科学的原則に従わなければならない。研究に使用される動物の福祉は尊重されなければならない。
13. 環境に悪影響を及ぼすおそれのある医学研究を実施する際には，適切な注意が必要である。
14. 人間を対象とする各研究の計画と作業内容は，研究計画書の中に明示されていなければならない。研究計画書は，関連する倫理的配慮に関する言明を含み，また本宣言の原則にどのように対応しているかを示すべきである。計画書は，資金提供，スポンサー，研究組織との関わり，その他起こり得る利益相反，被験者に対する報奨ならびに研究に参加した結果として損害を受けた被験者の治療および／または補償の条項に関する情報を含むべきである。この計画書には，その研究の中で有益であると同定された治療行為に対する研究被験者の研究後のアクセス，または他の適切な治療あるいは利益に対するアクセスに関する取り決めが記載されるべきである。
15. 研究計画書は，検討，意見，指導および承認を得るため，研究開始前に研究倫理委員会に提出されなければならない。この委員会は，研究者，スポンサーおよびその他のあらゆる不適切な影響から独立したものでなければならない。当該委員会は，適用される国際的規範および基準はもとより，研究が実施される国々の法律と規制を考慮しなければならないが，それらによってこの宣言が示す研究被験者に対する

保護を弱めたり，撤廃することは許されない。この委員会は，進行中の研究を監視する権利を有するべきである。研究者は委員会に対して，監視情報，とくに重篤な有害事象に関する情報を提供しなければならない。委員会の審議と承認を得ずに計画書を変更することはできない。

16. 人間を対象とする医学研究を行うのは，適正な科学的訓練と資格を有する個人でなければならない。患者あるいは健康なボランティアに関する研究は，能力があり適切な資格を有する医師もしくは他の医療専門職による監督を要する。被験者の保護責任は常に医師あるいは他の医療専門職にあり，被験者が同意を与えた場合でも，決してその被験者にはない。

17. 不利な立場または脆弱な人々あるいは地域社会を対象とする医学研究は，研究がその集団または地域の健康上の必要性と優先事項に応えるものであり，かつその集団または地域が研究結果から利益を得る可能性がある場合に限り正当化される。

18. 人間を対象とするすべての医学研究では，研究に関わる個人と地域に対する予想しうるリスクと負担を，彼らおよびその調査条件によって影響を受ける他の人々または地域に対する予見可能な利益と比較する慎重な評価が，事前に行われなければならない。

19. すべての臨床試験は，最初の被験者を募集する前に，一般的にアクセス可能なデータベースに登録されなければならない。

20. 医師は，内在するリスクが十分に評価され，かつそのリスクを適切に管理できることを確信できない限り，人間を対象とする研究に関与することはできない。医師は潜在的な利益よりもリスクが高いと判断される場合，または有効かつ利益のある結果の決定的証拠が得られた場合は，直ちに研究を中止しなければならない。

21. 人間を対象とする医学研究は，その目的の重要性が研究に内在する被験者のリスクと負担に勝る場合にのみ行うことができる。

22. 判断能力のある個人による，医学研究への被験者としての参加は，自発的なものでなければならない。家族または地域社会のリーダーに打診することが適切な場合もあるが，判断能力のある個人を，本人の自由な承諾なしに，研究へ登録してはならない。

23. 研究被験者のプライバシーおよび個人情報の秘密を守るため，ならびに被験者の肉体的，精神的および社会的完全無欠性に対する研究の影響を最小限にとどめるために，あらゆる予防策を講じなければならない。

24. 判断能力のある人間を対象とする医学研究において，それぞれの被験者候補は，目的，方法，資金源，起こりうる利益相反，研究者の関連組織との関わり，研究によって期待される利益と起こりうるリスク，ならびに研究に伴ういうる不快な状態，その他研究に関するすべての側面について，十分に説明されなければならない。被験者候補は，いつでも不利益を受けることなしに，研究参加を拒否するか，または参加の同意を撤回する権利のあることを知らされなければならない。被験者候補ごと

にどのような情報を必要としているかとその情報の伝達方法についても特別な配慮が必要である。被験者候補がその情報を理解したことを確認したうえで，医師または他の適切な有資格者は，被験者候補の自由意思によるインフォームド・コンセントを，望ましくは文書で求めなければならない。同意が書面で表明されない場合，その文書によらない同意は，正式な文書に記録され，証人によって証明されるべきである。

25. 個人を特定しうるヒト由来の試料またはデータを使用する医学研究に関しては，医師は収集，分析，保存および／または再利用に対する同意を通常求めなければならない。このような研究には，同意を得ることが不可能であるか非現実的である場合，または研究の有効性に脅威を与える場合があり得る。このような状況下の研究は，研究倫理委員会の審議と承認を得た後にのみ行うことができる。

26. 研究参加へのインフォームド・コンセントを求める場合，医師は，被験者候補が医師に依存した関係にあるか否か，または強制の下に同意するおそれがあるか否かについて，特別に注意すべきである。このような状況下では，インフォームド・コンセントは，そのような関係とは完全に独立した，適切な有資格者によって求められるべきである。

27. 制限能力者が被験者候補となる場合，医師は，法律上の権限を有する代理人からのインフォームド・コンセントを求めなければならない。これらの人々が研究に含まれるのは，その研究が被験者候補に代表される集団の健康増進を試みるためのものであり，判断能力のある人々では代替して行うことができず，かつ最小限のリスクと最小限の負担しか伴わない場合に限られ，被験者候補の利益になる可能性のない研究対象に含まれてはならない。

28. 制限能力者とみなされる被験者候補が，研究参加についての決定に賛意を表することができる場合には，医師は，法律上の権限を有する代理人からの同意のほか，さらに本人の賛意を求めなければならない。被験者候補の不同意は尊重されるべきである。

29. 例えば，意識不明の患者のように，肉体的，精神的に同意を与えることができない被験者を対象とした研究は，インフォームド・コンセントを与えることを妨げる肉体的・精神状態が，その対象集団の必要な特徴である場合に限って行うことができる。このような状況では，医師は法律上の権限を有する代理人からのインフォームド・コンセントを求めるべきである。そのような代理人が存在せず，かつ研究を延期することができない場合には，インフォームド・コンセントを与えることができない状態にある被験者を対象とする特別な理由を研究計画書の中で述べ，かつ研究倫理委員会で承認されることを条件として，この研究はインフォームド・コンセントなしに開始することができる。研究に引き続き参加することに対する同意を，できるだけ早く被験者または法律上の代理人から取得するべきである。

30. 著者，編集者および発行者はすべて，研究結果の公刊に倫理的責務を負っている。

著者は人間を対象とする研究の結果を一般的に公表する義務を有し，報告書の完全性と正確性に説明責任を負う。彼らは，倫理的報告に関する容認されたガイドラインを遵守すべきである。消極的結果および結論に達しない結果も積極的結果と同様に，公刊または他の方法で一般に公表されるべきである。刊行物の中には，資金源，組織との関わりおよび利益相反が明示される必要がある。この宣言の原則に反する研究報告は，公刊のために受理されるべきではない。

C. 治療と結びついた医学研究のための追加原則
31. 医師が医学研究を治療と結びつけることができるのは，その研究が予防，診断または治療上の価値があり得るとして正当化できる範囲内にあり，かつ被験者となる患者の健康に有害な影響が及ばないことを確信する十分な理由を医師がもつ場合に限られる。
32. 新しい治療行為の利益，リスク，負担および有効性は，現在最善と証明されている治療行為と比較考慮されなければならない。ただし，以下の場合にはプラセボの使用または無治療が認められる。
    - 現在証明された治療行為が存在しない研究の場合，または，
    - やむを得ない，科学的に健全な方法論的理由により，プラセボ使用が，その治療行為の有効性あるいは安全性を決定するために必要であり，かつプラセボ治療または無治療となる患者に重篤または回復できない損害のリスクが生じないと考えられる場合。この手法の乱用を避けるために十分な配慮が必要である。
33. 研究終了後，その研究に参加した患者は，研究結果を知る権利と，例えば，研究の中で有益であると同定された治療行為へのアクセス，または他の適切な治療あるいは利益へのアクセスなどの，研究結果から得られる利益を共有する権利を有する。
34. 医師は，治療のどの部分が研究に関連しているかを患者に十分に説明しなければならない。患者の研究参加に対する拒否または研究からの撤退の決定は，決して患者・医師関係の妨げとなってはならない。
35. ある患者の治療において，証明された治療行為が存在しないか，またはそれらが有効でなかった場合，患者または法律上の資格を有する代理人からのインフォームド・コンセントがあり，専門家の助言を求めた後であれば，医師は，まだ証明されていない治療行為を実施することができる。ただし，それは医師がその治療行為で生命を救う，健康を回復する，または苦痛を緩和する望みがあると判断した場合に限られる。可能であれば，その治療行為は，安全性と有効性を評価するために計画された研究の対象とされるべきである。すべての例において，新しい情報は記録され，適切な場合には，一般に公開されるべきである。

（日本医師会ホームページより）

資料6　患者の権利に関するWMA[1]リスボン宣言

1981年9月/10月，ポルトガル，リスボンにおける第34回WMA総会で採択
1995年9月，インドネシア，バリ島における第47回WMA総会で修正
2005年10月，チリ，サンティアゴにおける第171回WMA理事会で編集上修正

序文
　医師，患者およびより広い意味での社会との関係は，近年著しく変化してきた。医師は，常に自らの良心に従い，また常に患者の最善の利益のために行動すべきであると同時に，それと同等の努力を患者の自律性と正義を保証するために払わねばならない。以下に掲げる宣言は，医師が是認し推進する患者の主要な権利のいくつかを述べたものである。医師および医療従事者，または医療組織は，この権利を認識し，擁護していくうえで共同の責任を担っている。法律，政府の措置，あるいは他のいかなる行政や慣例であろうとも，患者の権利を否定する場合には，医師はこの権利を保障ないし回復させる適切な手段を講じるべきである。

原則
1. 良質の医療を受ける権利
   a. すべての人は，差別なしに適切な医療を受ける権利を有する。
   b. すべての患者は，いかなる外部干渉も受けずに自由に臨床上および倫理上の判断を行うことを認識している医師から治療を受ける権利を有する。
   c. 患者は，常にその最善の利益に即して治療を受けるものとする。患者が受ける治療は，一般的に受け入れられた医学的原則に沿って行われるものとする。
   d. 質の保証は，常に医療のひとつの要素でなければならない。特に医師は，医療の質の擁護者たる責任を担うべきである。
   e. 供給を限られた特定の治療に関して，それを必要とする患者間で選定を行わなければならない場合は，そのような患者はすべて治療を受けるための公平な選択手続きを受ける権利がある。その選択は，医学的基準に基づき，かつ差別なく行われなければならない。
   f. 患者は，医療を継続して受ける権利を有する。医師は，医学的に必要とされる治療を行うにあたり，同じ患者の治療にあたっている他の医療提供者と協力する責務を有する。医師は，現在と異なる治療を行うために患者に対して適切な援助と十分な機会を与えることができないならば，今までの治療が医学的に引き続き必要とされる限り，患者の治療を中断してはならない。

---

[1] WMA：世界医師会。

2. 選択の自由の権利
   a. 患者は，民間，公的部門を問わず，担当の医師，病院，あるいは保健サービス機関を自由に選択し，また変更する権利を有する。
   b. 患者はいかなる治療段階においても，他の医師の意見を求める権利を有する。

3. 自己決定の権利
   a. 患者は，自分自身に関わる自由な決定を行うための自己決定の権利を有する。医師は，患者に対してその決定のもたらす結果を知らせるものとする。
   b. 精神的に判断能力のある成人患者は，いかなる診断上の手続きないし治療に対しても，同意を与えるかまたは差し控える権利を有する。患者は自分自身の決定を行ううえで必要とされる情報を得る権利を有する。患者は，検査ないし治療の目的，その結果が意味すること，そして同意を差し控えることの意味について明確に理解するべきである。
   c. 患者は医学研究あるいは医学教育に参加することを拒絶する権利を有する。

4. 意識のない患者
   a. 患者が意識不明かその他の理由で意思を表明できない場合は，法律上の権限を有する代理人から，可能な限りインフォームド・コンセントを得なければならない。
   b. 法律上の権限を有する代理人がおらず，患者に対する医学的侵襲が緊急に必要とされる場合は，患者の同意があるものと推定する。ただし，その患者の事前の確固たる意思表示あるいは信念に基づいて，その状況における医学的侵襲に対し同意を拒絶することが明白かつ疑いのない場合を除く。
   c. しかしながら，医師は自殺企図により意識を失っている患者の生命を救うよう常に努力すべきである。

5. 法的無能力の患者
   a. 患者が未成年者あるいは法的無能力者の場合，法域によっては，法律上の権限を有する代理人の同意が必要とされる。それでもなお，患者の能力が許す限り，患者は意思決定に関与しなければならない。
   b. 法的無能力の患者が合理的な判断をしうる場合，その意思決定は尊重されねばならず，かつ患者は法律上の権限を有する代理人に対する情報の開示を禁止する権利を有する。
   c. 患者の代理人で法律上の権限を有する者，あるいは患者から権限を与えられた者が，医師の立場から見て，患者の最善の利益となる治療を禁止する場合，医師はその決定に対して，関係する法的あるいはその他慣例に基づき，異議を申し立てるべきである。救急を要する場合，医師は患者の最善の利益に即して行動することを要する。

6. 患者の意思に反する処置

　　患者の意思に反する診断上の処置あるいは治療は，特別に法律が認めるか医の倫理の諸原則に合致する場合には，例外的な事例としてのみ行うことができる。

7. 情報に対する権利

　a. 患者は，いかなる医療上の記録であろうと，そこに記載されている自己の情報を受ける権利を有し，また症状についての医学的事実を含む健康状態に関して十分な説明を受ける権利を有する。しかしながら，患者の記録に含まれる第三者についての機密情報は，その者の同意なくしては患者に与えてはならない。

　b. 例外的に，情報が患者自身の生命あるいは健康に著しい危険をもたらす恐れがあると信ずるべき十分な理由がある場合は，その情報を患者に対して与えなくともよい。

　c. 情報は，その患者の文化に適した方法で，かつ患者が理解できる方法で与えられなければならない。

　d. 患者は，他人の生命の保護に必要とされていない場合に限り，その明確な要求に基づき情報を知らされない権利を有する。

　e. 患者は，必要があれば自分に代わって情報を受ける人を選択する権利を有する。

8. 守秘義務に対する権利

　a. 患者の健康状態，症状，診断，予後および治療について個人を特定しうるあらゆる情報，ならびにその他個人のすべての情報は，患者の死後も秘密が守られなければならない。ただし，患者の子孫には，自らの健康上のリスクに関わる情報を得る権利もありうる。

　b. 秘密情報は，患者が明確な同意を与えるか，あるいは法律に明確に規定されている場合に限り開示することができる。情報は，患者が明らかに同意を与えていない場合は，厳密に「知る必要性」に基づいてのみ，他の医療提供者に開示することができる。

　c. 個人を特定しうるあらゆる患者のデータは保護されねばならない。データの保護のために，その保管形態は適切になされなければならない。個人を特定しうるデータが導き出せるようなその人の人体を形成する物質も同様に保護されねばならない。

9. 健康教育を受ける権利

　　すべての人は，個人の健康と保健サービスの利用について，情報を与えられたうえでの選択が可能となるような健康教育を受ける権利がある。この教育には，健康的なライフスタイルや，疾病の予防および早期発見についての手法に関する情報が含まれていなければならない。健康に対するすべての人の自己責任が強調されるべきである。医師は教育的努力に積極的に関わっていく義務がある。

10. 尊厳に対する権利
   a. 患者は，その文化および価値観を尊重されるように，その尊厳とプライバシーを守る権利は，医療と医学教育の場において常に尊重されるものとする。
   b. 患者は，最新の医学知識に基づき苦痛を緩和される権利を有する。
   c. 患者は，人間的な終末期ケアを受ける権利を有し，またできる限り尊厳を保ち，かつ安楽に死を迎えるためのあらゆる可能な助力を与えられる権利を有する。

11. 宗教的支援に対する権利
   患者は，信仰する宗教の聖職者による支援を含む，精神的，道徳的慰問を受けるか受けないかを決める権利を有する。

(日本医師会ホームページより)

用語集

あ

ICF（国際生活機能分類）：ICF は，WHO による国際生活機能分類の略号である。ICIDH（国際障害分類，1980）の改定版であり，子どもの状態を理解し支援を考えていくツールである。WHO-FIC（WHO 国際分類ファミリー）に属し，同じ WHO-FIC に属する ICD-10（国際疾病分類第 10 版）との併用が有用とされる。文部科学省においては，ICF の分類項目を自立活動の項目と連環しての活用を指向している。

愛着障がい：愛着（attachment）とは，児童と特定の養育者との間の情緒的な絆（無条件の信頼関係）である。児童虐待など不適切な養育によって愛着形成が阻害された児童には，対人関係以外にもさまざまな行動上の問題が認められる。

IPW・IPE（Inter-professional work・Inter-professional education）：他職種を理解し職種間で協働することを IPW といい，専門職連携能力育成のための教育のことを IPE という。患者さんのために智恵を出し合って医療を行っていく能力を育成すること。

アドバンス・ケア・プランニング（ACP：Advance care planning）：将来の意思決定能力の低下に備え，自分の人生の終焉について周囲と相談して検討すること。

アドバンス・ディレクティブ（advanced directive）：事前指示と同義

アンドロイド：ヒューマノイドロボット（人間型ロボット）の一種。ロボットのなかでも姿かたちが人間に似ているものをいう。

安楽死：一般的な理解としては，末期がんなど「不治」かつ「末期」で「耐えがたい苦痛」を伴う疾患の患者の求めに応じ，医師などが積極的あるいは消極的手段によって死に至らしめることとされている。

5つの自由：①飢えと渇きからの自由，②肉体的苦痛と不快感からの自由，③傷害や疾病からの開放，④おそれと不安からの自由，⑤基本的な行動様式に従う自由。

遺伝学的検査：染色体検査，遺伝性科学的検査，DNA 検査などが遺伝学的検査に含まれる。遺伝学的検査・診断では生涯変化せず，血縁者にも影響を与えうる個人の遺伝情報を扱うため，その特性に十分配慮した対応が求められる。

遺伝子操作：試験管内あるいは生物体内で DNA を操作すること。

祈りと誓いの塔：大阪教育大学および附属池田小学校は附属池田小学校事件を真摯にとらえ，子どもたちが安心して学校生活ができるよう，学校の安全をより一層堅持することを社会に誓い，豊かで明るい学校教育活動が未来永劫に続くことを記念して建立された塔（附属池田小学校敷地内に在る）。

インフォームドコンセント（informed consent: IC）：説明（inform）と同意（consent）という意味で，医学的処置や治療の前に，それを承諾し選択するのに必要な情報を医師から受ける権利のこと。これは医療界だけでなく，あらゆる法的契約に適用される。

インフォームドチョイス（informed choice）：医師などから治療に関する説明（inform）を受け，治療法を選択（choice）すること。また，その権利をいう。こちらも，あらゆる法的契約に適用される概念。

エンディングノート：人生の最期の時期の自身の希望・メッセージを書き留めておくノート。

エンド・オブ・ライフケア：がんのみならず認知症や脳血管障がいなど広く高齢者を対象とした人生終盤のケアをさしている。

エンハンスメント：機能などの拡張，強化を示すが，場合によっては必要以上の能力を意味する。

延命措置：回復の見込みがなく，死期が迫っている終末期の患者への生命維持のための医療行為をいう。人工呼吸器の装着，心臓マッサージや昇圧剤投与による心肺機能の維持，水分や栄養の点滴などがある。

大阪教育大学附属池田小学校事件：2001 年（平成 13 年）6 月 8 日の午前 10 時過ぎ頃，大阪教育大学教育学部附属池田小学校に出刃包丁をもった男が侵入し，第 1，2 学年の普通教室において，児童 8 名の殺害を含めて，23 名の児童・教員を殺傷した事件。

オピオイド：従来，麻薬といわれてきた鎮痛薬をさすが，麻薬という言葉は薬理学的に不適切で近年は麻薬という言葉は使用されなくなってきている。

■ か

解離状態：被虐待児などのように，日常的に暴力を受け，脅威に満ちた日々

を送らざるを得ない状況にあるとき，その場を生き抜くために「怖い」とか「痛い」といった感情や感覚を，無意識的に麻痺させてしまう心の対処法。

　幹細胞：自分と同じ細胞を作る（自己複製，self-renewal）能力と，別の種類の細胞に分化する（differentiation）能力を持ち，際限なく増殖できる細胞。

　間接的安楽死：苦痛を除去・緩和するための措置を取るが，それが同時に死を早める可能性がある治療型の安楽死。

　完全匿名化：データが誰のものかまったくわからない状態。すべての実験データは最終的にこの形にして保存されることになる。

　緩和ケア：余命の長さではなく，苦痛の緩和を目的にした医学的なアプローチとケアをさす。

　QOL（quality of life）：生活の質，生命の質，人生の質と訳されている。生活する個人の安寧感，生活上の満足・幸福感という個人の主観的支援と，暮らしやすさ・生活のしやすさなど個人生活を取り囲む社会的環境を含む概念である。

　QOD（quality of death，クオリティ・オブ・デス）：死の質と訳されている。人生の終焉で，苦痛がなく尊厳を持ち，満足のいく最期をおくる事に関する概念である。

　組換えDNA技術：目的とする遺伝子を取り出し，必要に応じてそれに改変を加え，受け手となる生物に導入する技術。

　クローン動物：クローンとは，同じ遺伝情報すなわち遺伝子をもつ生物の個体や細胞をいう。1962年にガードンが体細胞の核の初期化によりクローンカエルの作製に成功し，1997年には哺乳類のクローン羊が誕生した。

　群発自殺：ある自殺が新聞やテレビなどで大々的に報道された後，その影響を受けて他の自殺が誘発され，連鎖的に自殺者数が増加すること。

　ゲノム編集：核酸を切断する酵素（ヌクレアーゼ）により二本鎖DNAを切断し，それに続く修復反応によって遺伝子改変を行う技術。

　個人識別符号：当該情報単体から特定の個人を識別することができるものとして個人情報の保護に関する法律施行令（平成15年政令第507号）に定められた文字，番号，記号その他の符号のこと。

　コメディカル（comedical）：医師と協同して医療を行う医療専門職種の総称をいい，看護師，助産師，保健師，理学療法士，作業療法士，診療放射線技

師，臨床検査技師，（管理）栄養士などがある。

昏睡：外部からのような刺激が加えられても反応しない「眠り続けている」状態。睡眠は可逆的な状態。

コンビニ受診：緊急性のない軽症患者が，24時間営業のコンビニにちょっと買い物にでも行く感覚で，休日や夜間の時間帯に救急外来を受診する行動のこと。

■ さ

自殺死亡率（自殺率）：人口10万人当たりの年間自殺者数。たとえば，自殺死亡率が1.3の場合，人口10万人につき，1年間で1.3人が自殺で亡くなっていることを意味する。

自殺対策基本法：2006年6月21日に公布，2006年10月28日に施行された，増加する自殺への対処を目的とした法律。2016年4月1日から改正法が施行されている。

自殺予防の3段階：事前対応（プリベンション），危機介入（インターベンション），事後対応（ポストベンション）という，自殺予防に関する3つの段階のこと。

事前指示：意思能力の正常な人が，将来，判断能力を失った場合に備えて，治療に関する指示（治療内容，代理判断者の指名など）を事前に与えておくこと。

児童虐待の防止等に関する法律（第6条：児童虐待に係る通告）：児童虐待を受けたと思われる児童を発見した者は，速やかに，（中略）市町村，都道府県の設置する福祉事務所若しくは児童相談所に通告しなければならない。（以下略）

自動能：心臓や腸管などの臓器が神経からの指令がなくても自ら収縮する能力。自動能があるため身体から摘出しても動き続けることができる。これに対して自動能をもたない骨格筋は神経からの指令が来ないと収縮できない。

終活：自身の望む人生の終焉・最期を迎えられるようにするための準備活動。

出生前診断：染色体や遺伝子の異常による疾患や胎児の奇形の有無について，出生前の段階で検査する診断法。胎児に障がいがあれば治療に役立てるために行われるものであるが，生命の選別につながる懸念がある。

障害を理由とする差別の解消の推進に関する法律（通称：障害者差別解消法）（平成 25 年法律第 65 号）：この法律は，「国連障害者権利条約」の批准に向けた国内法整備の一環として，障害者基本法の一部を改正する法律（平成 23 年法律第 90 号）で障がい者への差別禁止が定められたことを受け，その差別解消策を具現化するために制定されたものである。

消極的安楽死：延命治療を中止して死期を早める不作為型の安楽死。

自立尊重原則：患者の自律・自己決定を尊重するという医療倫理で，倫理的問題の解決の指針となる原則。

神経伝達物質：シナプスで情報伝達を介在する物質のことであり，興奮性と抑制性の神経伝達物質が存在する。代表的なものとして，ドーパミンやグルタミン酸（興奮性），セロトニンや GABA（抑制性）がある。

人工授精：男性の精液を女性の膣や子宮内に注入し，自然な受精を待つ方法である。

人工多能性幹細胞（iPS 細胞）：胚を使わずに，体細胞にリプログラミング（分化した細胞が，全能性あるいは多能性を再獲得する現象）に必要な遺伝子を導入し得られる，多能性をもつ幹細胞。

人工妊娠中絶：母体保護法によって，胎児が母体外において生命を保持することのできない時期に，人工的に胎児およびその付属物を母体外に排出することをいうと規定されており，その時期とは妊娠 22 週未満と定められている。

スパゲッティ症候群：点滴チューブや経管栄養チューブそしてモニターなど多数の管や線が身体に付けられた状態をさし，その絡み合った多数の管や線がスパゲッティのようで，心と身体の自由を奪われた状態を表わすものとして名付けられた。

生殖補助医療（assisted reproductive technology: ART）：体外で，卵子や精子，受精卵の操作を必要とする，専門的で，かつ，特殊な生殖医療の総称をいう。

成年後見制度：認知症，知的障がい，精神障がいなどのために判断能力が十分でない人が不利益を被らないように，家庭裁判所に申立てをして，その人を援助してくれる人を付けてもらう制度。

生命に対する畏敬の念：小学校，中学校，高等学校の道徳教育の目標に，人

間尊重の精神とともに示されている。生命のかけがえのなさに気付き，生命あるものを慈しみ，畏れ，敬い，尊ぶこと。

　積極的安楽死：苦痛から免れさせるため意図的積極的に死を招く措置をとること。

　臓器移植法：臓器移植の意思を生前に書面で表示していて，遺族が拒まない場合に限り，「脳死した者の身体」を「死体」に含むとしてその臓器を摘出できると規定する 1997 年（平成 9 年）に公布された法律。2009 年（平成 21 年）の改正後は本人の生前の意思表示がなくても遺族が同意すれば臓器移植が認められるようになった。

　尊厳死：人間が人間としての尊厳を保って死に臨むこと。

■ **た**

　ターミナルケア：概ね余命 6 ヵ月以内の死が近い人のケアをさす。

　対応表：匿名化された情報から，必要な場合に研究対象者（提供者）を識別することができるよう，当該研究者と匿名化の際に置き換えられた記述等とを照合することができるようにする表その他これに類するもの。

　WHO による健康についての定義：WHO 憲章前文において，"Health is a state of complete physical, mental and social well-being and not merely the absence of disease or infirmity." と記されている。1999 年には，"Health is a dynamic state of complete physical, mental, spiritual and social well-being and not merely the absence of disease or infirmity." という提案もされたが，これらは定義には入っていない。

　チーム医療：医療に従事する多種多様な医療スタッフが，各々の高い専門性を前提に，目的と情報を共有し，業務を分担しつつも互いに連携・補完し合い，患者の状況に的確に対応した医療を提供することをいう。

　治験：治療試験の略で，治療の効き目・効果を調べること。医薬品や医療機器はこの治験を経て，国の基準をクリアし，認可されることで臨床現場で使用できることとなる。

　注意欠陥多動性障がい：注意の集中が乏しく散漫で，些細な刺激に対しても反応してしまい，結果として衝動的な多動症となってしまう症状を示す発達障

がいのこと。

長期増強：神経細胞を同時刺激することにより2つの神経細胞間の信号伝達が持続的に向上すること。

長期抑圧：繰り返される刺激によりシナプス電位の大きさが長期間にわたって減少すること。

DSM-5：米国精神医学会が編集した「精神疾患の診断と統計マニュアル」第5版の略号である。いわゆる発達障害を「神経発達症群／神経発達障害群」としてまとめている。日本語訳では，小児期に多い疾患について，「障害」という訳語に加えて「症」という訳語も併記する方向で翻訳された。

動物実験処置の苦痛の分類：カテゴリーA：生物個体を用いない実験あるいは植物，細菌，原虫，または無脊椎動物を用いた実験，カテゴリーB：脊椎動物を用いた研究で動物に対してほとんど，あるいはまったく不快感を与えないと思われる実験操作，カテゴリーC：脊椎動物を用いた実験で，動物に対して軽微なストレスあるいは痛み（短時間持続する痛み）を伴う実験（配慮が必要），カテゴリーD：脊椎動物を用いた実験で，避けることのできない重度のストレスや痛みを伴う実験（計画の変更を考察する責任がある），E：麻酔をしていない意識のある動物を用いて，動物が耐えることのできる最大の痛み，あるいはそれ以上の痛みを与えるような処置（決して行ってはならない）（国立大学動物実験施設協議会，2004）。

匿名化：データが誰のものかわからないようにすること。

ドメスティック・バイオレンス：明確な定義はないが，一般的には「配偶者や恋人など親密な関係にある，またはあった者から振るわれる暴力」という意味で使用されることが多い。英語の「domestic violence」で略して「DV」と呼ばれることもある。

トリアージ：多数の傷病者がでる大災害や大規模事故において，できるだけ多くの人命を救うために治療や搬送の優先順位を決定する手法である。

■ な

日本スポーツ振興センター：国民の健康増進の趣旨で設立された独立行政法人で，文部科学省の外郭団体の一つであり，旧名は日本体育・学校健康センタ

ーである。2015年（平成27年）度では全国の小学生・中学生の99.9％が加入している（日本スポーツ振興センター学校安全部，2016）。

脳機能イメージング装置：人間の脳の働きを可視化しようとする機器であり，何かの作業やコミュニケーション時の測定などその用途は幅広い。現在，fMRI（functional magnetic resonance imaging），NIRS（near infra- red spectoroscopy），MEG（magnetoencephalography），EEG（electroencephalogram），PET（positron emission tomography），SPECT（single photon emission computed tomography）などの機器が開発され研究用途によって使い分けられている。

脳深部刺激療法：病気により脳の一部が機能不全を起こしている患者の脳に直接的に適切な電気的または磁気的刺激を継続的に送りこむ治療法のこと。

■は

胚性幹細胞（ES細胞）：発生の初期の胚盤胞の内部にある内細胞塊（将来胎児になる細胞の塊）を培養して得られた幹細胞。

ハインリッヒの法則（通称，ヒヤリハットの法則）：アメリカの技師ハインリッヒ（Heinrich, H. W.）が発表した法則で，労働災害の事例の統計を分析した結果，導き出されたものである。重大災害を1とすると，軽傷の事故が29，そして無傷災害は300になるというもので，つまり「1件の重大災害（死亡・重傷）が発生する背景に29件の軽傷事故と，事故には至らなかったがヒヤッとすることが300件あるということである。今は労働災害のみならず多方面で有効とされている。

パターナリズム（paternalism：父権主義・家父長主義・温情主義）：語源はラテン語のpater「パテール，父」で，強い立場にあるものが，弱い立場にあるものに対して，後者の利益になるとして，その後者の意志に反してでも，その行動に介入・干渉することをいう。

発達障がい：広義の意味では，子どもが示すさまざまな発達の側面（言語，運動，社会性など）において，定型の発達を示さないときに疑う。「発達障害者支援法（2004制定2005施行）」においては，「発達障害とは，自閉症，アスペルガー症候群その他の広汎性発達障害，学習障害，注意欠陥多動性障害その他これに類する脳機能の障害であってその症状が通常低年齢において発現するも

のとして政令で定めるもの」と定義されている。

反射：生まれつきもっている神経機構によって，ある決まった刺激に対して意識されずに起こる反応。中枢が脊髄にあるものを脊髄反射（膝蓋腱反射，屈曲反射など），脳幹にあるもの（対光反射，角膜反射，咳反射など）がある。

パンデミック：感染症が世界的規模で同時に大流行すること。一般的に健康被害が極めて高度で多数の死亡者を伴い社会的影響も甚大な状態である，という意味を含んでいる。

不妊：2015 年（平成 27 年），公益社団法人日本産科婦人科学会では，「生殖年齢の男女が妊娠を希望し，ある一定期間，避妊することなく通常の性交を継続的に行っているにもかかわらず，妊娠の成立をみない場合を不妊という。その一定期間については 1 年というのが一般的である。なお，妊娠のために医学的介入が必要な場合は期間を問わない」としており，不妊期間が従来の 2 年から 1 年に変更された。

ホスピスケア：キリスト教の博愛主義等の理念（ホスピスマインド）を基盤とし，死を自然のものとして受け入れる考え方を根底にしたケア。

■ や

要配慮個人情報：本人の人種，信条，社会的身分，病歴，犯罪の経歴，犯罪により害を被った事実その他本人に対する不当な差別，偏見その他の不利益が生じないようにその取扱いに特に配慮を要するもの。

■ ら

卵巣過剰刺激症候群（overian hyperstimulation syndrome: OHSS）：体外受精で通常行われる排卵誘発剤の投与により，卵子を含んでいる細胞（卵胞）が過剰に発育や排卵することで，卵巣が大きく腫れ，卵巣からの毛細血管透過性亢進によって血液中の水分が胸部・腹腔内へ漏出・貯留して，循環血液量の減少や血液濃縮などを引き起こす多彩な症状を呈する症候群である。

リビング・ウイル：治る見込みのない病気にかかり，死期が迫ったとき，無駄と思われる医療やしてほしくない医療について，文書で示したもの。「尊厳死の宣言書」ともいわれている。

倫理綱領：専門職の仕事をするにあたっての行動指針が記されているもの。複雑な業務において判断をしなければならないときの規範である。多くの専門職団体では倫理綱領を作成，公表している。

倫理審査委員会：臨床研究は，必ず倫理審査委員会に内容を諮る必要がある。また，倫理審査委員会は，倫理的配慮がなされているかを中立の立場でしっかり審議する必要がある。

老衰：年をとって心身が衰えることを意味する。老化に伴って個体を形成する細胞や組織の機能の低下，恒常性の維持が困難になること。基本的には全身の衰弱から徐々に心機能が低下するため死に至る。

わ

ワクチン関連性麻痺：ポリオの生ワクチンは弱毒化されているものの生きたウイルス成分を含んでいる。被接種者または糞便を介して伝播し，周囲の者にポリオ麻痺を起こすことがある。

事項索引

あ
愛着障害　156
アドバンス・ケア・プランニング（ACP）　111, 118
アミロイド-β　88
安全　183
アンドロイド　137
安楽死　119, 120
　　間接的——　119
　　消極的——　119
　　積極的——　119
生きる力　186
移植コーディネーター　78
一次予防　166
5つの自由　146
遺伝子　2
　　——組換え生物　48
　　——治療　46
祈りと誓いの集い　189
祈りと誓いの塔　188
医療資源　59
インフォームドコンセント　52
インフォームドチョイス　52
影響　141
ADHD　139
エンディングノート　111
エンド・オブ・ライフケア　107
エンハンスメント　47, 133, 138
延命処置　97
延命措置　114, 122
大阪教育大学附属池田小学校校舎改築検討委員会　188
大阪教育大学附属池田小学校事件　186

置換え　147
オピオイド　108

か
介護離職　94
改正臓器移植法　75
解離状態　156
学習指導要領　18
角膜　72
家族再統合　159
学校安全　183
学校管理下　183
カレン・クィンラン事件　113
環境適応論　2
勧奨接種　65
完全匿名化　128
肝臓　73
がん対策基本法　108
緩和ケア　106
機器エンハンスメント　138, 140
危機介入（インターベンション）　166
拒絶反応　80
クオリティ・オブ・デス（Quality of death：QOD）　109
クオリティ・オブ・ライフ（Quality of life：QOL）　109
苦痛軽減　147
苦痛分類　147
クローン　42
群発自殺　165
軽度認知障がい　87
経頭蓋磁気刺激　140
経頭蓋直流刺激　140
ゲートキーパー　167

献体　83
声かけの実施　187
誤嚥　96
呼吸中枢　73
告知　122
コメディカル（comedical）　6
昏睡　76

さ
災害共済給付制度　183
再生医療　43
在宅死　105
在宅ホスピスケア　107
3Rの原則　147
削減　147
三次予防　167
自己決定　116
事後対応（ポストベンション）　166
自殺死亡率　162
自殺対策基本法　162
自殺予防教育　167
事象関連脳電位　135
死生観　110
事前指示（アドバンス・ディレクティブ）　99, 117
自然死法　114, 116
事前対応（プリベンション）　166
児童虐待　152
　　——の防止等に関する法律　152
　　——防止法（第6条）　158
自動能　72
児童の権利に関する条約　152
死亡場所割合　110
自由意志　136

終活　111
宗教的信念　121
周辺症状　86
終末期（ターミナル・ステージ）　105
　——医療　105
主要臓器適合抗原複合体（Major Histocompatibility Complex: MHC）　81
少産多死社会　109
食の3大機能　99
食物連鎖　4
神経調節（neuromodulation）　137
神経伝達物質　139
人工栄養法　95
人工多能性幹細胞　82
心臓　72, 73
腎臓　72, 73
身体的エンハンスメント　138
人道的なエンドポイント　148
スパゲッティ症候群　105
生活の質　109
生殖型クローニング　42
成年後見制度　94
生物多様性　3
生命に対する畏敬の念　19
絶対的無輸血　121
全人的苦痛　107
臓器移植　71
　——法　71
臓器提供意思表示カード　75
尊厳死　116

た
ターミナル　105
　——ケア　106
WHO（世界保健機関）　106
　——方式がん疼痛治療法　107
チーム医療　120
注意欠陥多動性障害　139
中核症状　85
中心静脈栄養法　95
長期増強　140
長期抑圧　140
治療型クローニング　43
通報　187
Tリンパ球　81
東海大学安楽死事件　120
道徳教育　18
道徳的エンハンスメント　138
TALKの原則　169
特別の教科　道徳　18
匿名化　127
閉じ込め症候群（Locked-in syndrome）　134
ドナー　72
ドメスティック・バイオレンス：DV　156
トラウマ　156

な
二次被害　159
二次予防　166
日本スポーツ振興センター　183
日本臓器移植ネットワーク　77
日本尊厳死協会　119
ニューロエシックス　133
ニュルンベルク綱領　53
認知的エンハンスメント　138
脳機能イメージング装置　132
脳血管性認知症　89
脳死判定　71, 136
脳死問題　136
脳指紋法　135
脳深部刺激療法　137

は
パーキンソン病　88
徘徊　92
ハインリッヒの法則　186
パターナリズム　122
犯罪機会論　187
犯罪原因論　187
反射　76
反復経頭蓋磁気刺激　140
P300　135
Bリンパ球　81
ピック病　88
日野小学校　186
病院死　105
附属池田小学校事件の概要　187
フラッシュバック　156
ブレイン・マシン・インターフェイス　137
ブレイン・リーディング　134
ブレインエンハンスメント　138
ヘルシンキ宣言　54
ホスピスケア　106

ま
マインド・リーディング　133
末梢静脈栄養法　95
看取り　99
モルヒネ　107
門・通用門の管理　187

や
薬物エンハンスメント　138, 139
ユマニチュード法　92
養育支援制度　157

ら
リタリン　139
リビング・ウイル　116, 118
臨床研究に関する倫理指針　125
倫理審査委員会　125
レシピエント　72
レビー小体型認知症　88
老衰　96

人名索引

あ
池本卯典　146, 149
市川海老蔵　111
市川光太郎　158
伊古田俊夫　84
イレス（Illes, J.）　133
上田　敏　179
小川鼎三　10
奥山眞紀子　159

か
ガーランド（Garland, B.）　135
鍵山直子　145
柏木哲夫　105, 106
金子章道　187
鎌田　實　190
カミタニ（Kamitani, Y.）　134
ガンディー（Gandhi, M. K.）　28
キューブラー・ロス（Kübler-Ross, E.）　104
訓覇秋磨　159
河野由美　110
コッホ（Koch, H. H. R.）　12
小林麻央　111
小林美智子　158
小宮信夫　187
コンラッド（Conrad, P.）　174

さ
西條剛央　16
阪中順子　167
サンデル（Sandel, M. J.）　47
ジネスト（Gineste, Y.）　92
島崎謙治　15
シュヴァイツァー（Schweitzer, A.）　28
鈴木真由子　157

スズキ（Suzuki, Y.）　98
聖ベネディクトス（Benedictus）　11
Sotocinal, S. G.　148
ソンダース（Saunders, C.）　106

た
ダーウィン（Darwin, C. R.）　146
鷹野和美　14
高橋祥友　165, 166
タルワー（Talwar, S. K.）　137
チルドレス（Childress, J. F.）　9, 59, 67
常石敬一　13
デーケン（Deeken, A.）　106
デカルト（Descartes, R.）　28, 145
トン（Tong, F.）　134

な
ナイチンゲール（Nightingale, F.）　12
中釜　斉　144
長澤　悟　187

は
バーチ（Burch, R. L.）　146, 147, 149
唄　孝一　53
パスツール（Pasteur, L.）　12
ビーチャム（Beachamp, T. L.）　9, 59, 67
ヒポクラテス　10
ファラー（Farah, M. J.）　139
フェルプス（Phelps, E. A.）　134
ブルームバーグ（Bloomberg）　190
細田満和子　13, 15
本田美和子　92

ま
松葉祥一　9
美馬達哉　133
箕岡真子　91, 99
水本清久　13, 14
光岡知足　144
宮坂道夫　9, 10

や
山中伸弥　82
山本　隆　100

ら
ラインハート（Reinhardt, A.）　149
ラインハート（Reinhardt, V.）　149
ラッセル（Russel, W. M. S.）　146, 147, 149
ラマチャンドラン（Ramachandran, V. S.）　4
李　啓充　113
リベット（Libet, B.）　136
マレスコッティ（Marescotti, R.）　92

わ
若井彌一　183
和田香織　168

【著者一覧】（執筆順，＊は編者）
第 1 章　金子　章道（畿央大学栄誉教授）＊
第 2 章　堀江　尚子（畿央大学健康科学部看護医療学科教授）
第 3 章　島　　恒生（畿央大学教育学部現代教育学科教授，学科長）＊
第 4 章　鷲尾　弘枝（宝塚大学看護学部看護学科教授）
第 5 章　前原佳代子（畿央大学健康科学部健康栄養学科教授）
第 6 章　福本　貴彦（畿央大学健康科学部理学療法学科准教授）
第 7 章　金内　雅夫（畿央大学名誉教授）＊
第 8 章　金子　章道（同上）
第 9 章　山本　　隆（畿央大学健康科学部健康栄養学科教授）
第10章　河野　由美（畿央大学健康科学部看護医療学科教授，学科長）＊
第11章　河野　由美（同上）
第12章　福本　貴彦（同上）
第13章　森岡　　周（畿央大学健康科学部理学療法学科教授）
第14章　西井　康恵（畿央大学健康科学部理学療法学科助教）
第15章　訓覇　秋麿（畿央大学教育学部現代教育学科非常勤講師）
第16章　細越　寛樹（関西大学社会学部社会学科准教授）
第17章　小野　尚香（日本福祉大学福祉経営学部医療・福祉マネジメント学科教授）
第18章　安井　義和（畿央大学名誉教授）

学生と考える生命倫理 ［第 2 版］

2018 年 3 月 30 日　第 2 版第 1 刷発行
2025 年 3 月 30 日　第 2 版第 7 刷発行

（定価はカヴァーに表示してあります）

編　者　金子章道
　　　　金内雅夫
　　　　河野由美
　　　　島　恒生
発行者　中西　良
発行所　株式会社ナカニシヤ出版
〒606-8161 京都市左京区一乗寺木ノ本町 15 番地
　　　　Telephone　075-723-0111
　　　　Facsimile　075-723-0095
　　　Website　http://www.nakanishiya.co.jp/
　　　E-mail　iihon-ippai@nakanishiya.co.jp
　　　　　郵便振替　01030-0-13128

装幀＝奥村亜希／印刷・製本＝ファインワークス
Copyright © 2014, 2018 by A. Kaneko, M. Kanauchi, Y. Kono, & T. Shima
Printed in Japan.
ISBN978-4-7795-1221-6

◎本書のコピー，スキャン，デジタル化等の無断複製は著作権法上での例外を除き禁じられています。本書を代行業者等の第三者に依頼してスキャンやデジタル化することはたとえ個人や家庭内の利用であっても著作権法上認められておりません。